Reporter criminel

Du même auteur
chez le même éditeur

Lune sanglante
À cause de la nuit
La Colline aux suicidés
Brown's Requiem
Clandestin
Le Dahlia noir
Un tueur sur la route
Le Grand Nulle Part
L.A. Confidential
White Jazz
Dick Contino's Blues
Ma part d'ombre
Crimes en série
American Death Trip
Moisson noire 2003 (Anthologie sous la direction
 de James Ellroy)
Destination morgue
La Trilogie Lloyd Hopkins
Tijuana mon amour
Revue POLAR spécial James Ellroy
Underworld USA
La Malédiction Hilliker
Extorsion
Perfidia

JAMES ELLROY

Reporter criminel

Traduit de l'anglais (États-Unis)
par Jean-Paul Gratias

Collection fondée par François Guérif

Rivages/noir

Retrouvez l'ensemble des parutions
des Éditions Payot & Rivages sur

payot-rivages.fr

Ouvrage publié sous la direction de François Guérif

Career Girls
© James Ellroy, 2017

Clash By Night
© James Ellroy, 2018
All rights reserved

© Éditions Payot & Rivages, Paris, 2018
Pour la traduction française

M comme Meurtre

Nous avons résolu l'affaire, et en fin de compte, nous avons fini par tout arranger. Le faux pas de Brooklyn a provoqué un scandale sans fin. Nous avons sacrifié la vie d'un homme innocent, et succombé à un consensus délétère. Le meurtre nous a horrifiés, la scène de crime nous a déconcertés, le pays tout entier est devenu hystérique par ricochet. Janice et Emily ne représentaient qu'une part infime de l'affaire.

Mais elles nous appartenaient. C'était à nous, exclusivement, qu'il revenait de les pleurer et de les venger.

C'était comme dans ce film célèbre, Laura *: une femme est tuée par un coup* *de feu qui la défigure. Un inspecteur de police tombe amoureux de son portrait. En fait, elle est toujours vivante. Leur rencontre devient alors une véritable union.*

L'affaire Wylie-Hoffert, c'était un avatar de ce film. Il n'y avait pas de portrait. On s'est contentés de photos de scènes de crime et d'anciens clichés. Ils ont entretenu notre béguin unanime.

Cela ne justifie pas notre mauvaise conduite. Cela ne nous absout pas de ce que nous avons fait à George Whitmore. Ce compte rendu désigne l'amour comme raison principale du ratage total.

1

Les victimes

Le lieu et l'heure du crime nous ont surpris : en plein jour, dans un quartier chic de Manhattan. Rien à voir avec le Queens pouilleux, théâtre du meurtre commis par Alvin "Le Monstre" Mitchell. Cela s'est passé le mois précédent. À la une du *Daily News* : *UN ADOLESCENT AVOUE AVOIR TUÉ DANS SA CHAMBRE UNE JEUNE FILLE DU QUEENS.*

Le Monstre appartenait à un gang de jeunes crétins. Il vivait mal le spleen d'un vendredi soir où il ne se passe rien. La baston prévue ne s'était pas matérialisée. *Cherchez la femme.* Il s'est mis en quête de chatte facile, sans résultat. Il s'est soûlé avec un copain. Ils se sont introduits par effraction dans une école, où ils ont volé des ballons de volley-ball, de football, et des paires de ciseaux. Le copain a volé une Chevrolet de 1961.

Le Monstre connaissait l'adresse de deux filles chez qui ils pourraient passer la nuit. Dans la 140ᵉ Rue, chez Barbara Kralik, et chez une autre fille, âgée de 15 ans.

Le Monstre a démonté la porte-moustiquaire de la terrasse et ils sont montés à l'étage.

Barbara s'est réveillée et s'est mise à hurler. Le Monstre l'a tuée en la criblant de coups de ciseaux puis il s'est enfui.

C'était stupide et prévisible. Rien à voir avec le carrefour Park Avenue-88ᵉ Rue. Pas de gardien pour assurer la sécurité de l'immeuble. Pas de victimes huppées.

Janice et Emily avaient un emploi. Idem pour leur colocataire, Pat Tolles, qui leur a survécu. Janice travaillait au bureau des dépêches pour l'hebdomadaire *Newsweek*. Pat faisait des recherches pour

Time-Life. Emily avait un contrat pour commencer une carrière d'enseignante à l'automne.

Janice Wylie
(© *New York Daily News*/Getty Images.)

Janice était âgée de 21 ans, Pat et Emily en avaient 25. Elles avaient de l'ambition – oui, avoir un emploi, c'est prendre en main son destin. Sans l'ombre d'un doute, elles ne tarderaient pas à se marier, à épouser un homme qui les ferait accéder à une classe sociale supérieure.

Mercredi 28 août 1963.

Date historique, gravée dans toutes les mémoires : La marche de Washington pour les droits civiques.

La liberté, maintenant ! et : *Nous vaincrons !*

Washington était envahie par les bonnes âmes.

L'événement était retransmis sans interruption par la télévision.

À Manhattan, 50 000 New-Yorkais sont descendus dans la rue. La Grande Ville est devenue la Ville Fantôme. Les ambitieuses n'ont pas bougé de leur appartement.

Pat s'est rendue mollement jusqu'aux locaux de *Time-Life*. Emily est partie faire des courses. Janice, qui a échangé ses horaires avec ceux d'une collègue, commençait sa journée à 11 heures du matin.

Emily Hoffert
(© *New York Daily News*/Getty Images.)

Un jour, elle ne s'est pas présentée à son lieu de travail. Son absence a provoqué une certaine agitation. Un assistant a appelé l'appartement des demoiselles Wylie, Hoffert et Tolles, et personne ne lui a répondu. L'assistant a téléphoné à la mère de Janice. L'appartement occupé par Mme Wylie et son mari Max était mitoyen de celui de leur fille.

Mme Wylie était perplexe. Elle ne savait pas où se trouvait Janice. Elle a donné à l'assistant un numéro pour joindre Pat Tolles à son travail, et elle a elle-même appelé Pat.

Pat aussi était perplexe. Elle a pensé à Emily et elle a appelé une amie de celle-ci, Susan Rothenberg. Emily et Miss Rothenberg avaient prévu de déjeuner ensemble. Miss Rothenberg a déclaré qu'Emily n'était pas venue au rendez-vous. Pat a fait savoir qu'elle cherchait Janice Wylie. Et qu'il fallait qu'Emily l'appelle si elle avait des nouvelles.

Pendant toute la journée s'étaient succédé des appels téléphoniques qui n'aboutissaient pas et des connexions ratées. Pat Tolles est rentrée chez elle en métro, et elle est arrivée à 6 h 25. Le vendredi, elle faisait la une de tous les journaux. Voici celle du *Daily News* :

"ON RECHERCHE LE FOU QUI A TUÉ PLUSIEURS JEUNES FEMMES."
On y voit une photo de Pat, manifestement rongée par l'inquiétude – juste au-

dessous du pli du journal. Elle partage l'espace disponible avec Alvin "Le Monstre" Mitchell. Le Monstre a droit à un éclairage en clair-obscur. Il a une tête d'adolescent obsédé sexuel.

Pat est entrée dans l'immeuble. Elle a pris l'ascenseur jusqu'au troisième étage, elle a déverrouillé la porte 3-C. Aucun bruit dans l'appartement. À l'approche du crépuscule, la lumière pauvre accentuait le sentiment de solitude qu'engendrent les lieux déserts. Une porte de service accédant à la cuisine était entrouverte. Pat l'avait fermée au verrou le matin même. Deux chambres donnaient sur le couloir central, dont celle d'Emily, qui contenait des lits jumeaux. Pat partageait la seconde chambre avec Janice. L'éclairage était allumé dans la salle de bains d'Emily. Pat est entrée dans la chambre d'Emily. Voici ce qu'elle y a vu :

Des vêtements, des livres, des papiers, des lettres jonchant le parquet. Deux valises ouvertes sur le lit proche du couloir. Pas de draps sur le lit situé près de la fenêtre. Les tiroirs de la commode étaient ouverts, leur contenu répandu dans la chambre – pièces de monnaie, paquets de cigarettes, bigoudis.

Pat est ressortie de la chambre pour entrer dans la salle de bains, de l'autre côté du couloir. Elle y a vu *ceci* : Un couteau sur le bord du lavabo. Manche en bois, lame de trente centimètres, une seule traînée de sang. Pat s'est précipitée dans la cuisine. Elle a appelé son petit ami pour lui faire part de ce qu'elle avait découvert. Le jeune homme lui a dit qu'il allait la rejoindre au plus tôt.

Pat a raccroché, puis elle a téléphoné au poste de police du quartier. Son appel a réveillé l'inspecteur Martin Zinkand. Pat l'a informé de ce qu'elle avait vu. Zinkand lui a promis que des inspecteurs allaient intervenir *sans délai*. Pat a aussitôt appelé les Wylie. Elle a raconté toute l'histoire à M. Wylie. Celui-ci lui a dit qu'il venait tout de suite. Pat a raccroché et s'est ruée au rez-de-chaussée. Elle a attendu devant l'immeuble. Comme ses nerfs lui jouaient des tours, elle est rentrée en courant. Elle a attendu devant l'appartement 3-C.

Les Wylie sont arrivés. Max Wylie a pris les choses en main. C'était son genre, à cet homme. Sans frémir un seul instant, il a examiné la chambre d'Emily. C'est *nous* qui aurions dû arriver les premiers. C'est *nous* qui aurions dû bloquer l'accès en condamnant la porte. Max Wylie s'est suicidé dix ans plus tard. Nous aurions pu lui épargner dès le début ces pénibles souvenirs.

Toutes les forces de police ont convergé. Un appel général par radio l'a annoncé. L'appartement 3-C s'est vite retrouvé bondé.

Les agents en uniforme sont arrivés. Marty Zinkand et John Lynch sont venus à leur tour. L'inspecteur en chef Larry McKearney a fait son apparition. D'autres flics ont débarqué. Les gradés ont déferlé. Les techniciens du labo ont pris des photos et cherché des empreintes. La chambre d'Emily était le centre névralgique. L'inspecteur Lynch en a dressé l'inventaire. Il a noté *ceci* : Les deux lits, les vêtements, les livres et les papiers sur le plancher. Les valises sur le lit d'Emily. Les tiroirs de la commode laissés ouverts et leur contenu éparpillé : exactement ce que Pat avait vu.

La chambre du crime
(© *New York Daily News*/Getty Images.)

Mais il faut y ajouter *cela* : Dans l'espace étroit séparant le second lit du mur extérieur, deux corps sous une couverture de laine bleue. Max Wylie a recouvert Janice et Emily, puis il a oublié qu'il l'avait fait. L'inspecteur Lynch a ôté la couverture. Janice était nue, Emily était vêtue. Janice reposait sur le dos, les chevilles ligotées à l'aide d'un linge blanc. Ses cuisses étaient couvertes de sang séché. On l'avait éviscérée. Ses intestins s'étalaient sur son abdomen, d'un flanc à l'autre. Les poignets de Janice étaient liés ensemble par un chiffon, son visage et son cou tachés de sang. Son thorax présentait une déchirure provoquée par une lame de couteau.

Emily portait une jupe verte. Les vêtements couvrant son torse étaient trempés de sang. Sa tête et son cou présentaient des traînées sanglantes. Couchée sur le flanc, elle faisait face à Janice. Ses poignets et ses chevilles étaient attachés par un linge blanc. Les deux femmes étaient liées l'une à l'autre par des bandes de tissu provenant d'un dessus-de-lit bleu-vert, les nœuds des ligatures enserrant leurs avant-bras et leurs poignets.

Tout près d'elles, un radiateur. Sur celui-ci, les manches de deux grands couteaux à découper dont on avait brisé les lames.

Sur le plancher, juste à côté :

La pointe d'une lame de couteau. Un pot de crème Noxzema pour les soins de l'épiderme, laissé ouvert. Un peu plus loin : Le couvercle du pot.

À tout ce qui précède, il faut encore ajouter : le goulot d'une bouteille de Pepsi brisée. Un dessus-de-lit vert. Une serviette périodique. Une culotte noire. Des lambeaux de drap gorgés de sang. Des traces de sang aussi sur les lunettes d'Emily. Un second fragment de lame de couteau.

Des éclats de verre. Un radio-réveil débranché. Les aiguilles arrêtées marquent 10 h 37.

Le médecin légiste arrive. Il examine les corps. Il remarque *ceci* :

Le cœur de Janice a reçu sept coups de couteau. Sa vulve est abondamment enduite de crème Noxzema.

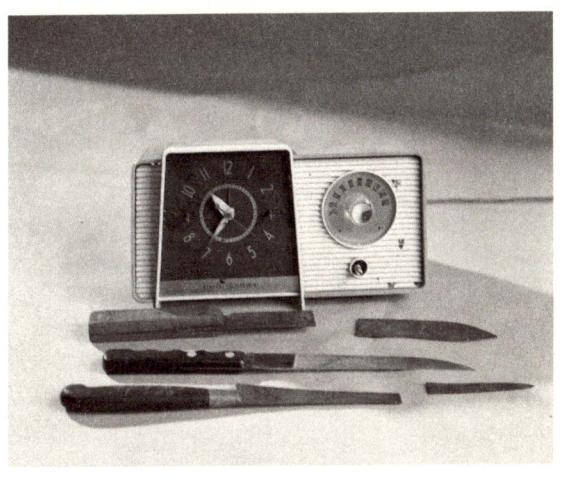

Les couteaux utilisés par le tueur
(© *New York Daily News*/Getty Images.)

On a tranché la veine jugulaire d'Emily. Ses poignets et ses paumes sont criblés d'entailles, ce qui indique qu'elle a été attaquée à l'aide d'un couteau et qu'elle a tenté de se défendre.

Le médecin légiste rédige son rapport. Les techniciens du labo cherchent des empreintes. Les photographes de la police prennent des clichés.

Max Wylie appelle les parents d'Emily à Edina, dans le Minnesota. Une ambulance arrive. Quatre brancardiers emmènent les corps et les emportent à la morgue. Il est à présent 1 h 30 du matin, en ce jeudi 29 août 1963.

Le *Post* s'empare aussitôt de l'affaire. La manchette du jeudi : *LA POLICE INTERROGE LES AMIES DES JEUNES FILLES ASSASSINÉES*. La page 8 propose deux biographies bidon. La plus longue est celle de Janice. Emily est présentée comme un laideron, Janice comme une beauté. Le "rêve d'Emily était d'enseigner". Janice, c'était la jeune fille bohème qui occupait un poste de rêve à *Newsweek*.

Le papier consacré à Janice prenait deux fois plus de place que l'autre. C'est celui qui a défini le consensus final. Max Wylie et sa sœur Pamela chantaient les louanges de Janice. Elle était glamour, elle était comédienne et on lui confiait des rôles dans des pièces de théâtre données dans les écoles et pendant des tournées d'été. Elle s'impliquait sans compter dans le théâtre expérimental.

Cette caution artistique, elle la doit à Wylie. Max Wylie – romancier, scénariste, publicitaire. Frère de Philip Wylie – critique littéraire et auteur de *La Génération des vipères*. Max est apparu à la foi accablé par le chagrin *et* hypocrite. Une seule de ses déclarations a paru sincère : Il a dit : "Elle ne cédait jamais à la fatigue, rien ne pouvait avoir raison d'elle, elle allait sans cesse de l'avant, elle poursuivait son chemin, tout le temps, tout le temps."

TILT –

Ça, c'était *NOUS* à la recherche de Janice et du salopard qui l'avait assassinée. *Janice* nous apparaissait comme la victime principale, *Emily* comme une perte de second plan. Cela semblait mériter quelques vérifications. Examinons les deux victimes de près, et fouillons leur passé. Cherchons qui étaient leurs amis, leurs rivales, les gens qui avaient des raisons de leur en vouloir, leurs amants, et leurs soupirants. Nous avons lancé une enquête au porte-à-porte, en commençant par l'immeuble lui-même. On a passé au peigne fin le n° 57 de la 88ᵉ Rue Est, frappé aux portes des locataires des neuf niveaux. Il n'en est rien sorti de valable. La cour de derrière était mitoyenne avec des bâtiments de la 89ᵉ Rue.— On y a récolté une poignée de pistes bidon, qui ne menaient nulle part. Résultat final : dans ces immeubles, personne n'avait rien vu, ni rien entendu. Nous avons examiné l'immeuble de près. L'inspecteur Lynch l'a arpenté avec soin. Pat Tolles avait verrouillé la porte de service de la cuisine, ce matin-là. Elle l'avait trouvée entrebâillée le soir.

D'autres escaliers de service menaient au hall d'entrée et au sous-sol. La porte de service du hall d'entrée était condamnée et interdisait l'accès aux niveaux supérieurs. Au sous-sol, deux portes permettaient de sortir dans la cour. Elles n'étaient verrouillées ni l'une ni l'autre. Sauter dans la cour depuis la cuisine du 3-C représentait une chute de 12 mètres. Ladite chute éliminait toute possibilité d'entrer ou de sortir par la fenêtre de la cuisine. Cela faisait de la porte d'entrée le seul passage praticable. Seules Janice ou Emily avaient pu laisser entrer l'assassin. À moins qu'un cambrioleur n'ait forcé la serrure de la porte principale.

Cette serrure, nous l'avons fait examiner. Un inspecteur spécialiste de la serrurerie et des coffres-forts a braqué un microscope sur elle. Il a repéré des rayures sur le bord inférieur du ressort du loquet.

Et pourtant – Ça ne ressemblait pas à un cambriolage, mais bien à un double *CRIME PASSIONNEL.*

L'immeuble employait des portiers. Ils prenaient leur service aux premières heures de la matinée et travaillaient jusqu'à 10 heures du soir. On a interrogé ceux du matin comme ceux du soir. Résultat : nul. On a cuisiné les livreurs et tous les factotums employés par l'immeuble. Supposons qu'un artisan ait effectué des petits travaux au 3-C. Il repère les lieux et il flashe sur les jolies locataires. Il revient plus tard, il accède à l'appartement de façon légale ou non, et il tente d'obtenir les faveurs de ces dames. Et dès cet instant, l'affaire tourne *trèèèès* mal.

Pat Tolles nous a fourni une liste d'artisans. On les a tous interrogés. Le résultat : toujours zéro.

Le médecin légiste a autopsié Emily et Janice. Les jeunes femmes avaient subi des traumatismes crâniens (sans doute provoqués par cette bouteille de Pepsi brisée), et succombé à des blessures par arme blanche. Des coups répétés, portés par ces lames de couteau à découper qu'on a retrouvées brisées. Des armes improvisées, disponibles, à portée de main.

Emily est morte vierge – détail fourni par le médecin légiste. Il n'a rien dit au sujet de Janice.

Cette information et cette omission ont alimenté notre indignation et notre béguin démesuré et unanime.

*
* *

Enlèvement du corps de Janice Wylie
(© *New York Daily News*/Getty Images.)

Vendredi. Effervescence au 23.
On s'entasse dans la salle de réunion des inspecteurs. Le commissaire McKearney

dirige la réunion. L'inspecteur principal adjoint Coyle se joint à nous. L'inspecteur principal Tom Reneghan distribue les ordres de mission.

Le sergent Bill Brent nous rejoint à son tour. Il remplace temporairement le patron de la brigade 23. Le capitaine Frank Weldon arrive en renfort. Il supervise toutes les équipes de la division. John Lynch et Martin Zinkand se présentent. Ce sont eux qui ont inspecté l'immeuble.

McKearney nous donne des ordres précis :

Il faut réinterroger les gens du quartier. Il faut déterrer *DU SORDIDE*. Vérifiez auprès du Bureau des enquêtes criminelles les affaires de viols commis par des cambrioleurs obsédés sexuels et notez leur mode opératoire. Demandez au service psychiatrique de l'hôpital Bellevue la liste des patients sortis récemment.

Dressez la liste des contraventions infligées dans la 88e Rue et les pâtés de maisons mitoyens. Consultez les feuilles de route des chauffeurs de taxi. Demandez aux collègues de la police des transports si on leur a signalé des passagers du métro aux vêtements tachés de sang. Dans l'appartement, les techniciens du service anthropométrique ont relevé neuf paires d'empreintes. Sept d'entre elles avaient été laissées par la famille et les amis des victimes. Les deux dernières restent non identifiées.

Pressurez les cambrioleurs notoires qui opèrent dans le quartier. Cuisinez les drogués du voisinage.

Relevez, pour comparaison, les empreintes de tous les indics que vous interrogerez. Enquêtez sur les amies des victimes. Fouillez leur vie sentimentale. N'oubliez pas les femmes psychopathes. Ce meurtre a pu être commis par une lesbienne.

Voilà : c'est la fièvre que provoquent les affaires exceptionnelles. Le Graal. Le permis de chasse. La détermination du chasseur. Le franchissement des limites est pardonné par avance.

La réunion a proclamé le caractère Sacré de la Cause. Ce que cette affaire nous promettait à tous, c'était la gloire d'une vengeance justifiée, et une tentation coupable. Approbation générale.

On a mobilisé la brigade 23. On a convoqué le bureau des homicides et celui des cambriolages de Manhattan Nord. On a obtenu des transferts depuis les brigades criminelles du Bronx et de Brooklyn Sud. Et depuis Brooklyn Nord, celui de "la brute", Eddie Bulger.

D'autres flics encore ont répondu à l'appel. Au total, l'effectif a atteint 150 volontaires.

La fièvre des affaires d'exception : un grand coup de filet, une guerre éclair.

Le second interrogatoire des témoins potentiels n'a rien donné du tout.

On a ouvert une ligne téléphonique spéciale pour récolter des témoignages. Le *Daily News* a publié le numéro. "Pouvez-vous aider la police ? – Appelez SA2-4448 si vous détenez des informations permettant de dénoncer un criminel." Au-dessus de l'encadré :

Un appel anonyme pour identifier l'assassin des jeunes filles.

Un inconnu avait passé plusieurs appels à Janice. Il composait le numéro de son bureau et lui répétait *Couche avec moi, Chérie*. Selon le *Daily News*, Janice était "une beauté blonde aux yeux verts". On a passé de nombreuses heures à enquêter sur ce correspondant anonyme, et elles n'ont rien donné.

La ligne dédiée aux mouchards n'a produit que des dénonciations bidon.

Newsweek a offert une récompense de dix mille dollars. Une employée de ce même *Newsweek* a dénoncé un collègue pinceur de fesses. Il pinçait les fesses de Janice. Nous avons relevé les empreintes du pinceur, nous l'avons soumis au détecteur de mensonges. Le résultat : Zéro.

Le comportement de Max Wylie est devenu étrange. Il a participé à toute une série d'émissions de radio au cours desquelles il a présenté ses théories. Il proposait la création d'une armée des citoyens dirigée par des cadres d'entreprise.

Une explication saphique a vu le jour, relayée par Max Wylie. Jugez-en vous-mêmes :

La réceptionniste d'un cabinet dentaire faisait des avances à Janice. Comportement identique de la part d'une lesbienne travaillant dans un salon de beauté. Ces deux pistes n'ont rien donné. Une troisième a connu un dénouement comique.

Janice connaissait une supposée lesbienne. Cette femme faisait porter des vêtements d'enfants à ses singes apprivoisés, qu'elle promenait dans un landau. L'inspecteur Zinkand a été témoin de son manège. Cette piste-là aussi a fait *pschitt*.

Six psychiatres avaient leur cabinet de consultation dans l'immeuble Wylie-

Hoffert. On a consulté les fichiers de leurs patients pour un résultat nul.

En épluchant le fichier des psychopathes déviants sexuels, on a trouvé une liste de six pervers et le détail de leurs préférences.

On a interrogé des exhibitionnistes et des salopards qui chient dans les lavabos. On a cuisiné des peloteurs du métro et des sodomites partisans de la vaseline.

Et encore :

Des travelos cambrioleurs, des massacreurs de pédés, des psychopathes brouteurs de chattes. Des mâles accros aux crèmes de beauté. Résultat : ZÉRO.

La police a veillé à ce que l'appartement 3-C reste inoccupé et inaccessible. Des inspecteurs y sont revenus pour étudier de nouveau la scène de crime. Les lieux sont restés intacts. La poussière s'y est amassée. Des cafards ont grignoté les taches de sang séché. La puanteur qu'elles dégageaient s'est incrustée.

Tic-tac, tic-tac.

C'est l'horloge de l'Affaire hors du commun qui égrène les secondes. Elle nous dit de coincer ce salopard, et *VITE* !

On enquête sur les cambrioleurs et les drogués du quartier. "Du quartier" définit le contexte du domicile des victimes. La 88ᵉ Rue Est, c'est l'endroit chic de l'Upper East Side. Yorkville s'étendait au Nord, et à l'Est, c'était le quartier miteux des Allemands et des Irlandais. Au nord de cette zone : Spanish Harlem. Une flopée de Portoricains, *mucho*, un paquet de cambrioleurs et de drogués.

On a compilé une liste de types à coincer. C'est elle qui nous a permis de serrer Ricky Robles.

Il habitait dans la 93ᵉ Rue, entre la Première Avenue et la Deuxième. Son relevé d'empreintes digitales s'est révélé négatif. Nous avons quand même interrogé Ricky, après avoir consulté son casier judiciaire.

28 janvier 1960 : arrestation pour recel d'objets volés, traces d'injections de produits stupéfiants. Ricky a 17 ans. Il avoue une centaine de vols et de cambriolages par effraction. Son terrain d'action principal : l'Upper East Side. Revenons en arrière. 23 novembre 1959. Avec un pistolet, Ricky frappe une femme dans la 66ᵉ Rue Est. 28 avril 1960 : Ricky est condamné. On l'envoie en prison, à Elmira. Il bénéficie d'une libération conditionnelle le 3 juin 1963. Il a 20 ans.

On interroge Ricky au 23. Il a amené deux contrôleurs judiciaires. Pour la police de New York : les inspecteurs Zinkand et Lynch, les lieutenants Frank Sullivan et Tom Cavanaugh.

Sont également présents : les inspecteurs Walter Donlin et David Downes. Ils ont serré Ricky autrefois, en 1960.

Ricky était un petit merdeux plutôt mignon. Fluet, des traits fins. Il nous montre ses bras. Vous voyez ? – pas de traces d'aiguilles.

Ses contrôleurs judiciaires chantent ses louanges. Détenu modèle à Elmira. A terminé ses études secondaires derrière les barreaux. En ce moment même, donne toute satisfaction dans son nouveau métier de tourneur ajusteur dans le Bronx. Il est apprécié dans l'entreprise. Il a un appartement dans lequel il vit avec sa mère.

Zinkand attaque le premier en lui demandant où il se trouvait le 28 août 63. Ricky répond que l'usine était fermée, cette semaine-là. Sa mère, soudain frappée par le virus du grand ménage, lui a confié des missions le mercredi. Il a lavé l'escalier à la brosse après le petit déjeuner. Dans l'après-midi, il a donné un coup de main pour repeindre l'appartement. Sa mère et l'amie de celle-ci, Dolly, l'ont regardé travailler.

L'interrogatoire se termine. Plus tard dans la journée, Zinkand et Lynch questionnent la mère de Ricky. Le salon de Maman Robles est bondé ; elle a invité ses voisines, qui regardent Zinkand et Lynch d'un sale œil. Maman Robles confirme la version de Ricky. Elle se souvient de ce mercredi. Le grand défilé pour les droits civiques a été retransmis à la télévision. Les voisines *reconfirment* les déclarations de Ricky. Ces dames se rappellent l'avoir vu nettoyer les marches d'escalier avec le balai à franges.

L'alibi fourni par le groupe exonère Ricky Robles. Plus rien ne relie Ricky à cette affaire. L'automne 1963 défile sous nos yeux. Nous travaillons sur l'affaire Wylie-Hoffert tout en gardant un œil sur Max Wylie et son chagrin inconsolable. Le monde extérieur nous intrigue et nous attriste : quatre jeunes filles noires sont tuées par une bombe dans une église de Birmingham ; le 22 novembre, on apprend la mort de Kennedy. John Kennedy, il nous *appartenait*. John Kennedy nous faisait rire. Il aimait le bon scotch et les cigares. On se souvenait du temps où il venait à la messe. On lui pardonnait ses vues permissives. Notre imagination en avait fait l'un des nôtres.

L'affaire Wylie-Hoffert progresse péniblement. Nous voici plongés dans la vie sentimentale de ces jeunes filles. En fait, "les jeunes filles", cela désigne seulement *Janice*, ici. Emily faisait tapisserie. Elle sortait rarement avec des garçons. Elle se transformait en petite sœur ravagée par le chagrin. La famille Hoffert vivait son chagrin en silence tandis que les Wylie nous assiégeaient. Nous étions les psys post-mortem, avec Janice sur le divan. Anecdote, perception, analyse. Les Wylie jouent les ventriloques pour faire parler Janice et révéler sa personnalité imprudente et attachante.

Discussions à bâtons rompus dans l'appartement des Wylie. Leurs amis sont interrogés et *ré*-interrogés. On esquisse un portrait sur une ardoise magique. On épluche le carnet d'adresses de Janice. On y trouve de nombreux noms masculins.

Film noir. Janice Wylie était la femme morte du portrait à l'huile. Mais jamais on ne la reverra vivante.

Film noir. C'est la femme vêtue de noir qui détient toutes les réponses. Il faut que l'homme amnésique finisse par *savoir*. Cet homme amnésique, c'est *nous*.

Nous étions capables de communiquer notre statut commun par thélépathie. Nous nous sentions indéniablement chargés d'une mission, et susceptibles de commettre des péchés en cherchant à servir une cause plus noble. Ce qui nous motivait, c'était la question *Qui étiez-vous, Janice ?* Une vindicte générale fermentait à deux pas de nous. Nous étions croyants et chevaleresques, convaincus que l'amour était synonyme de *devoir accompli* et d'*expression de la foi*. Nous étions prédestinés à connaître cet irrésisitible élan d'amour immense et unanime.

Nos jeunes victimes nous avaient laissé tous les droits, dont celui de fouiller dans leur passé. Emily avait renoncé au premier rôle. C'était la scène de crime qui en avait décidé ainsi. Janice était nue et Emily était vêtue. Toutes nos reconstitutions désignaient Janice comme victime principale. Cela signifiait que le premier mobile du meurtre était le *SEXE*. Cela signifiait que nous devions vérifier la moindre rumeur à caractère sexuel et interroger tous les hommes qu'elle avait connus dans sa vie.

Son désir tyrannique de vivre une aventure romantique. Sa fascination stupide pour les feux de la rampe. Son attirance pour les hommes aux tendances suicidaires.

Les Wylie nous ont fourni des noms, comme l'ont fait ses amis, ses collègues, ses copines du cours de théâtre. Sans oublier son carnet d'adresses.

Janice aimait les hommes "intéressants". Entendez par là : inconstants, ayant des dispositions pour l'art, et par ailleurs insatisfaits :

Le fils d'un magnat de la boucherie en gros, un homme coléreux au cerveau embrouillé par la boisson ; un "repenti" du vol de sacs à main et du braquage à main armée ; un pseudo-journaliste magouilleur ; trois prétendus écrivains misanthropes qui partageaient un appartement.

Janice rencontrait des hommes au Madison Pub. Janice rencontrait des hommes au bar de l'hôtel Stanhope. Janice rencontrait des hommes au Stork Club et au Right Bank. Janice avait des centaines d'amants. Max Wylie disait que Janice se rendait à des *milliers* de soirées.

Janice, qui met en scène sa propre vie, Janice, puisant dans son répertoire, avale un somnifère comme pour lancer un appel au secours. La belle aux yeux verts perd la raison.

Un petit assassin minable a réduit à zéro les efforts qu'elle a fournis pour tenter de dépasser ses excentricités stupides. Nous ne l'avons pas traitée de fille facile ni de prostituée. Janice a cédé au charme de New York et à la doctrine de la famille Wylie : Panache séculaire et assimilation de Dieu à l'Art.

C'est dans la mort que Janice et Emily convergent. Janice et Emily ne divergent, simplement, que sur leur conception de la foi.

Emily croyait en l'efficacité de la personne qu'elle était et de celle qu'elle pourrait devenir. C'est Max Wylie qui a le mieux décrit la différence. De Janice, il disait : Elle allait de l'avant, toujours de l'avant.

Comme les 100 et quelques inspecteurs de police de la ville de New York. Comme les hommes qui éprouvaient pour elle ce béguin démesuré et unanime.

1963 a fait *pschitt*. L'une après l'autre, toutes les pistes ont mené à des impasses. Le purgatoire. Nos jeunes victimes envolées pour une destination si lointaine qu'elle est inaccessible. Leur assassin est inaccessible aussi, mais lui se trouve dans les abîmes.

Transsubstantiation. Pour nous, leurs âmes s'étaient mêlées. Il n'était plus possible de distinguer la flamboyance de

Janice de la rectitude d'Emily. À présent, l'épuisement sapait notre détermination sincère, et notre dévotion se nourrissait de notre amertume.

Voici venir le consensus pernicieux.

2

Frère George

Détour : allons à Brownsville, au cœur de Brooklyn. Un repaire de gangsters juifs, à l'époque. Un bidonville noir à présent. Autrefois, des chiffonniers poussant des charrettes à bras, maintenant : des voyous armés de couteaux à cran d'arrêt. C'est là que se trouvait le commissariat de police du quartier. À ce moment-là, les flics faisaient face à des faits divers. Aujourd'hui, ils gèrent les émeutes.

Le mardi 14 avril 1964, vers 2 heures du matin, Minnie Edmonds est attaquée à coups de couteau et violée dans une ruelle. Elle a une cinquantaine d'années, elle est noire et alcoolique. L'arme a laissé sa trachée béante, on a relevé sa jupe, on retrouve sa culotte sous son cadavre. Un voisin téléphone au poste de police pour signaler le meurtre.

C'est l'inspecteur Dick Aidala qui prend son appel. Il penche pour un meurtre commis par quelqu'un du quartier. Il interroge tous les hommes qui ont compté dans la vie de Minnie Edmonds et n'arrive à rien.

L'assassinat de Minnie Edmonds n'a eu droit à aucun article dans la presse, et la télévision n'en a pas parlé. Rien à foutre de Minnie Edmonds – cette négresse alcoolo.

Dick Aidala enquête sur le meurtre de Minnie Edmonds. L'inspecteur Joe DiPrima le seconde. L'affaire est mise au placard.

Encore un détour :

Jeudi 23 avril 1964, vers minuit et demi.

À Brownsville, de nouveau.

Elba Borrero descend Bristol Street. Elle est infirmière dans un hôpital. Elle rentre chez elle depuis sa station de métro.

Un homme la suit. Il la rejoint. Elba Borrero hurle. Frank Isola, un agent de police qui effectue sa ronde, entend son cri.

Il réagit aussitôt. Il voit un homme et une femme descendre Bristol Street en marchant au milieu de la chaussée. L'homme a passé un bras autour des épaules de la femme. Peut-être pour la serrer contre lui, peut-être pour la kidnapper.

Frank Isola les suit. Le couple s'engouffre dans une ruelle. Isola leur emboîte le pas et allume sa lampe-torche. Il voit ceci : la femme est plaquée contre le mur. L'homme lui a pris son sac à main. Ils sont à sept mètres de lui.

La femme hurle. Surpris par son cri, l'homme détale. Isola lui lance un avertissement, dont l'homme ne tient pas compte. Isola fait usage de son arme. La balle manque sa cible. Isola poursuit l'homme et se fait distancer. La course est effrénée. Le suspect est en tête, Isola le suit, à trente mètres. Il tire trois autres coups de feu. Le suspect augmente la cadence et court de plus belle. Isola perd encore du terrain. Le suspect s'échappe.

Isola pense avoir blessé l'individu. Il cherche une trace qu'aurait pu laisser une hémorragie et ne trouve rien. Il revient vers Elba Borrero et prend sa déposition. Elle décrit son agresseur : un Noir âgé de 20 à 25 ans. 1,75 mètre. 72 kilos.

Cela correspond au rapport d'incident remis à Isola : 1,75 mètre, 72 kilos, pantalon foncé, veste trois quarts brun clair.

Miss Borrero affirme que l'individu a menacé de la tuer. Elle lui a arraché un bouton de sa veste. Isola prend le bouton et le range.

Il retourne au 7-3. Il fait un compte rendu à l'inspecteur John Grace. Grace prend congé pour s'informer des suites de l'affaire Elba Borrero.

Isola regagne le secteur auquel il est affecté. De nouveau, il recherche ces foutues traces de sang – toujours sans succès.

Il est 6 heures du matin, à présent. Isola voit un gamin noir blotti contre la porte d'une laverie automatique, à un pâté de maisons du lieu où s'est produit le vol de sac à main. Isola élargit le champ de sa recherche de taches de sang et passe de nouveau devant la laverie. Il est 7 heures du matin. Le gamin est toujours là. Isola l'interroge.

George Whitmore entre en scène.

George dit qu'il attend son frère. Ils espéraient se faire embaucher comme manœuvres dans un entrepôt.

Isola insiste pour obtenir des détails sur le remue-ménage de la nuit précédente. George lui raconte qu'il a entendu des coups de feu au carrefour Amboy Avenue – Sutter Avenue. Un type qui tournait l'angle en courant a failli le faire tomber, puis il l'a supplié : *Cachez-moi, pour que j'échappe aux flics !* George refuse. Isola lui demande un signalement. George lui décrit un individu de race noire, de 23 à 26 ans, grand, corpulent. Le frère de George, Shelley, arrive accompagné de deux autres types. Isola demande aux quatre gaillards de déguerpir. Ils se rendent à l'entrepôt des sels Schoenfeld. Isola part remplir ses obligations : pendant une demi-heure, il fait traverser la rue à des gamins, puis il retourne au 7-3.

Il dresse pour l'inspecteur Grace un profil de George Whitmore. Le môme a été témoin des suites de l'incident de la nuit dernière. Grace en prend note et ouvre un dossier d'affaire en cours. Il glisse le bouton de veste dans l'enveloppe, qu'il laisse pour le collègue qui prendra la relève : l'inspecteur Dick Aidala.

TILT –

Aidala travaille sur le viol et l'assassinat de Minnie Edmonds. Elba Borrero a été agressée un pâté de maisons plus loin. Aidala se focalise sur George Whitmore. Il partage ses impressions avec l'inspecteur Joe DiPrima. Les deux hommes se rendent dans l'entreprise Schoenfeld Salt et interrogent le patron, qui déclare n'avoir jamais entendu parler de ce Whitmore.

Aidala contacte Frank Isola. Pourriez-vous identifier ce gamin nommé Whitmore ? Certainement, répond Isola. Ils se retrouvent le lendemain matin. Assis dans la voiture d'Aidala, ils surveillent la laverie. George Whitmore apparaît.

Il a l'esprit lent. Sa vue est déficiente. Il a perdu ses lunettes et n'a pas d'argent pour en acheter une nouvelle paire. Son visage est couvert de cicatrices d'acné. Il mesure 1,68 mètre et pèse 64 kilos. Il ne correspond pas aux mensurations du suspect de Borrero et d'Isola. Il n'atteindra l'âge de 20 ans que dans un mois. Il paraît frêle et semble avoir un quotient intellectuel modeste. Il a migré depuis Wildwood, une ville située sur la côte du New Jersey.

Son père alcoolique gérait un entrepôt de ferrailleur et sa mère allait à l'église. Wildwood était une station balnéaire prisée. Sa population augmentait en été et décroissait lorsqu'il faisait froid.

Wildwood n'était pas une ville désagréable, mais on s'y ennuyait. Whitmore n'avait jamais terminé ses études. Des membres de sa famille vivaient à Brownsville. Ils l'ont hébergé le temps qu'il trouve ses marques. Il avait une petite amie chez laquelle il passait parfois la nuit. Elle vivait chez ses parents, qui laissaient parfois Whitmore rester chez eux. Ou bien, c'était la fille qui le faisait entrer en douce. En ce moment, il se retrouvait dehors, dans le froid.

Sa nouvelle turne, c'était la salle de réunion des inspecteurs du 7-3. Elba Borrero est venue et repartie. Elle a passé cinq heures à examiner les photos des fichiers d'identité judiciaire. Elle n'y a pas vu son agresseur. Dick Aidala la fait revenir. Il l'installe dans une pièce dont la porte est équipée d'un judas. Il a prié George de patienter de l'autre côté de la porte. Miss Borrero examine George et l'identifie. Elle demande à entendre le son de sa voix. Aidala passe la consigne à George, qui dit clairement : *Tais-toi, ou je te tue. Je crois que je vais te tuer d'abord, et puis je vais te violer.*

Miss Borrero confirme sa déclaration.

Aidala annonce à George qu'il est en état d'arrestation – en court-circuitant la procédure, car il n'a pas organisé de séance d'identification. Il se fonde sur une identification unique, donc, non confirmée par un second témoin. George ne ressemble pas au signalement que Miss Borrero a fourni sur les lieux mêmes de l'agression.

Aidala fouille George. Il trie le contenu de ses poches et tombe sur deux photos de jeunes femmes blanches. L'un des clichés montre deux filles dans une Pontiac décapotable. Une beauté blonde prend la pose sur la banquette arrière. Aidala lui demande qui elle est. George répond qu'il s'agit d'une fille de Wildwood, dont le père possède une école d'équitation. Il montait à cheval avec elle.

George Whitmore, accusé du meurtre de Brooklyn
(© *New York Daily News Archive*/Getty Images.)

Aidala ne fait pas de commentaire. Il ne tourne pas sa déclaration en ridicule en la qualifiant de fantasme de jeune Noir fauché.

Aidala a travaillé brièvement sur l'affaire Wylie-Hoffert. La beauté blonde ne lui rappelle rien.

Il installe George dans une salle d'interrogatoire. L'inspecteur DiPrima arrive. Frank Isola sort et rapporte du pain beurré et du café. DiPrima parle avec George et le relâche.

Vendredi 24 avril 1964, 8 heures du matin.

George nie la tentative de viol. Il affirme n'avoir jamais vu cette femme auparavant.

DiPrima a de nouveau recours au dialogue. Avec une patience exemplaire, il soutire à George des révélations. Aidala et Isola assistent à l'interrogatoire. Ce gamin quasiment nabot a besoin de se sentir aimé. Comme une éponge, il absorbe l'attention qu'on lui accorde.

Cette conversation intime a un prix. George est émotif. DiPrima lui présente l'addition : on va peut-être te coffrer, ou peut-être pas. Il faut que tu nous dises la vérité.

Alors, George passe aux aveux. Il dit tout. Puis il dit *non, je retire ce que j'ai dit*. Ses témoignages sont conflictuels, à présent.

Il y a les premières déclarations de George Whitmore. Il y a les notes d'Aidala et de DiPrima. Il n'y a pas de transcription d'un enregistrement sur bande magnétique.

Aidala brandit le bouton de veste qu'Elba Borrero a arraché au violeur. George dit que c'est bien le sien. Miss Borrero a trouvé un portemine dans la ruelle. Elle déclare que le violeur l'a brandi devant sa gorge. Il ne l'a pas menacée avec un couteau, comme elle l'avait prétendu dans sa première déposition.

George confirme cette incohérence.

Ouais, c'est mon crayon.

George a avoué. George se rétractera plus tard.

Il affirme qu'Aidala l'a frappé à l'estomac et qu'Isola lui a flanqué des coups dans le dos et sur les épaules. L'inspecteur DiPrima était de son côté. Il pensait que Daddy Joe remettrait de l'ordre dans ce sac de nœuds.

Deux observateurs se pointent : les inspecteurs Charles Fazio et Eddie Bulger, de la brigade criminelle de Brooklyn Nord. DiPrima enchaîne sur l'affaire Minnie Edmonds. C'est un viol et un assassinat. La proximité a facilité l'approche et le passage à l'acte.

DiPrima explore la *proximité*. Chester Street : sur le trajet que suit Elba Borrero pour rentrer chez elle. Chester Street : la scène de crime de l'affaire Minnie Edmonds. George perd les pédales. DiPrima insiste sur le fait qu'on y a agressé une femme. George voit ce que veut Daddy Joe, et il dit que c'est *lui* qui l'a agressée.

Alors, George avoue. C'est une suite de *il a dit...* Non, *il a dit...* qui remplit les blocs-notes de deux inspecteurs. On n'y trouve que des questions orientées *ou* les réponses spontanées et sincères de George. C'est la preuve que George tient énormément à ne pas contrarier Joe DiPrima, et cela explique qu'il finira par nier toute culpabilité.

Il a suivi Minnie Edmonds et l'a agressée. Elle s'est débattue. Il a fouillé son sac à main et n'y a pas trouvé d'argent. Il a sorti son couteau. Il lui a tailladé le visage, puis il l'a poignardée en pleine poitrine.

Ensuite, il lui a ôté sa culotte, il a ouvert sa braguette, et il a tenté de la pénétrer, mais il a entendu un bruit et il a détalé.

DiPrima s'attarde sur l'arme du crime. George la décrit : lame droite non dentelée, manche de couleur noire, une panthère en guise d'emblème. Frank Isola montre son propre couteau, d'un modèle identique. George dit qu'il est exactement comme *son* couteau. Plus tard, George ajoute *ceci* : *les flics ont cessé de le frapper quand il est passé aux aveux.*

Alors, George, où est-il, ce couteau, maintenant ?

George répond qu'il l'a caché sous l'escalier d'une maison quelconque.

Aidala organise un détachement de flics. Parmi lesdits flics : Charles Fazio et Eddie Bulger. Eddie B. sortait tout juste de l'affaire Wylie-Hoffert. Eddie B. avait arrêté un criminel qui se trouvait en ce moment même dans le couloir de la mort – David Coleman, un homme de race noire, qui devait passer sur la chaise électrique le 10 août 64. Coleman s'était confié à Eddie B. Coleman avait révélé qu'on lui avait donné des coups de pied dans les tibias et des coups de matraque sur la tête.

Le détachement s'arrête devant deux maisons de Amboy Street. Les flics ne trouvent pas de couteau sous les marches.

Retour au 7-3. Déjeuner dans la salle d'interrogatoire : George, Dick Aidala, Joe DiPrima. George brode sur le thème de ses vadrouilles nocturnes. Il rôde pour regarder des femmes. Il monte sur les toits pour satisfaire son voyeurisme.

Retour aux affaires sérieuses.

Aidala appelle le bureau du District Attorney de Brooklyn : Envoyez-nous un procureur adjoint. Nous avons un violeur doublé d'un assassin, ici.

Les flics emmènent George au 215 Chester Street. George leur fait une visite commentée des lieux où il a tué Minnie Esmonds.

Retour au 7-3. Voici le moment crucial où le destin bascule. Fazio et Bulger passent en revue les possessions de George. Ils examinent le contenu de son portefeuille. Ils trouvent la photo. Regardez un peu la superbe blonde dans la Pontiac.

Bulger trouve qu'elle ressemble à Janice Wylie.

*
* *

Le consensus engendre des projets et la volonté d'atteindre des objectifs identiques. La collusion exige une prise de conscience en accord avec une seule et même longueur d'onde. Les flics sont des réalistes adeptes de l'empirisme, cependant sensibles aux intuitions mystiques. Quand celles-ci nous frappent, nous sommes tous capables de les identifier, et la plupart d'entre nous voient les mêmes choses.

George Whitmore. Vendredi 24 avril 1964. Le tiercé gagnant des victimes de la journée :

Elba Borrero : vol de sac à main et tentative de viol ; Minnie Edmonds : viol, assassinat. À suivre : Wylie-Hoffert.

Le procureur adjoint Edward Alfano arrive. On le renvoie *pronto* : on vient d'avoir du nouveau, une information de dernière minute en provenance de l'autre côté du fleuve. Dick Aidala demande : Laquelle ? Alfano est à deux doigts d'exploser.

Ces photos. *La* photo. Janice Wylie, *c'est sûr*. Au dos : "Pour George, de la part de Louise." Un numéro de téléphone à côté de la dédicace.

Eddie Bulger cuisine George, sous les regards de Joe DiPrima, Dick Aidala et Frank Isola. Bulger demande à George d'où il tient ces photos. George dit qu'il les a trouvées à la décharge publique de Wildwood. Bulger lui demande qui a écrit la dédicace. George répond que c'est lui. Pour se vanter. Il voulait faire croire que ces filles étaient ses copines.

Bulger a de gros doutes. DiPrima exige de George qu'il dise la vérité. George change sa version. Il raconte un mensonge attendrissant.

Le père de la blonde en jersey possède un centre d'équitation. Il laisse George monter gratuitement.

Cette réponse-là ne passe pas.

Bulger exprime son scepticisme. George change son histoire une fois de plus. Cette photo, il dit qu'il l'a volée. Il était chez la fille. La fille et son père étaient sortis. Il a raflé la photo posée sur une table.

Bulger fait savoir qu'il n'est toujours pas convaincu. George modifie encore son compte rendu. Il y a *deux* versions, ici. L'*officielle* : Il l'a volée dans un immeuble. *Où ?* Dans la 88e Rue.

Deuxième version : Celle que donne George Whitmore dans sa rétractation :

Joe DiPrima n'a pas cessé de le harceler. Joe DiPrima lui a embrouillé la tête et lui a *SUGGÉRÉ CECI* :

Tu l'as trouvée dans une maison de la 88e Rue.

George Whitmore derrière les barreaux
(© *New York Daily News Archive*/Getty Images.)

George capitule. George dit : Oui, c'est vrai.

Bulger et DiPrima pressurent George. Dick Aidala les observe et ajoute son grain de sel. *Fouille ta mémoire, George. L'été dernier, fin août, le dernier mercredi. OÙ ÉTAIS-TU ?*

George répond : À Wildwood. À l'Ivy Hotel. Je passe beaucoup de temps, là-bas.

Sa réponse fait un flop. Bulger et DiPrima lui lancent un lieu : *Brooklyn*. Tu avais envie de prendre le train, George. Tu es monté à bord du premier qui partait, et tu en es descendu au carrefour 42e Rue/ Huitième Avenue. C'est à *Manhattan*, George. Tu es allé à pied vers le centre et tu as obliqué vers l'ouest jusqu'à la 88e Rue. *Tu es monté au troisième étage.*

Tu es entré dans une cuisine dont la porte était à moitié démolie. Tu as ramassé trois bouteilles de Coca vides.

Tu as fouillé la chambre. Une fille est sortie de la salle de bains. Elle avait une serviette autour de la taille. À part ça, elle était nue.

La fille a hurlé. Tu t'es emparé d'elle. Tu l'as frappée. Elle est tombée entre le mur et la fenêtre. Tu étais tout excité. Tu as arraché le linge qu'elle portait autour de la taille et tu l'as déchiré en lambeaux.

Aha ! George a dit "linge" alors qu'il venait de dire "serviette".

O.K., George – tu lui as lié les mains et les pieds. Tu es tombé sur une deuxième fille. Elle a dit : Vous êtes qui, bon sang ? Et elle a hurlé. Tu l'as frappée avec une bouteille de Coca et tu l'as assommée. Tu l'as ficelée avec les lambeaux des draps ; "Serviette", "linge", "drap". Lequel des trois, George ?

Les filles étaient assommées. Il les a ligotées ensemble. La Fille numéro 2 s'est réveillée et a hurlé. Il s'est précipité dans la cuisine pour y prendre des couteaux. Il est revenu dans la chambre en courant et il a poignardé la Fille numéro 2. Il a planté son couteau dans l'estomac de la Fille numéro 1.

Il s'est nettoyé dans la salle de bains. Il s'est lavé les mains, il a fait disparaître les traces de sang qui tachaient le couteau. Il a empoché la photo de la Fille numéro 2.

Pas si vite ! Et la Fille numéro 1 ? et la crème Noxzema pour les soins de la peau ?

Il a dévalé l'escalier, traversé le hall et pris la 88ᵉ Rue Est. Il s'est rendu à pied jusqu'à Park Avenue puis s'est dirigé vers le sud. Il a atteint la 42ᵉ Rue et il a pris le train pour revenir à Brooklyn.

Donc, George est passé aux aveux pour l'affaire Wylie-Hoffert. Par la suite, il a prétendu que les flics lui avaient dicté toute sa déposition. Ces filles, tu les as ligotées, n'est-ce pas ? Ouais, bien sûr, c'est ça. Tu les as poignardées, pas vrai ? Ouais, bien sûr, O.K. Écoutez, Je m'en fous. Vous m'avez pas lâché de toute la journée, et je suis fatigué.

La salle de réunion se remplit. La rumeur s'est répandue d'une manière ou d'une autre. Le consensus s'établit. Nous débarquons en force. Nous sommes tous là.

Nous observons. Bulger et DiPrima font parler George. Ils parviennent à lui soutirer des détails et à combler les trous du récit. On l'avait serré pour Edmonds et Borrero. Le tiercé gagnant était en vue.

Des appels radio sont diffusés. Et nous, *on se montre* : Le chef inspecteur adjoint Carey. L'assistant de l'inspecteur Coyle. L'inspecteur John Lynch. George nous dessine la maison du meurtre. Il dira plus tard que les flics lui ont montré comment faire.

L'inspecteur principal McKearney se pointe.

Dito le lieutenant Cy Regan. Dito le lieutenant John Currie.

Bulger montre à Lynch la photo de Janice. Lynch émet des doutes.

McKearney propose une concertation. On se rassemble. Bulger consulte ses notes. Lynch n'est pas convaicu – Certains détails ne concordent pas. McKearney dit : débrouillez-vous pour arrondir les angles. Bulger et DiPrima s'en prennent de nouveau à George.

Arrondissez les angles. Arrangez-vous pour que le consensus soit cohérent. On est TOUT PRÈS de la conclusion, maintenant. Ce salopard a avoué, c'est un putain de violeur, on va jouer là-dessus.

On a raboté les doutes, on les a enterrés, cependant, ils restaient gênants. La photo avait valeur de preuve. McKearney voulait qu'on la réfute ou qu'on la confirme.

Bulger et DiPrima malmènent George. Ils insistent sur l'aspect sexuel de l'affaire. George avoue que c'est lui qui a eu l'idée du Noxzema. Par la suite, George dira ceci : Bulger l'a menacé de lui flanquer des coups de pied dans les couilles.

John Lynch se rend en voiture à Manhattan. Il montre le cliché à M. et Mme Wylie. Ils sont formels : Non, ce n'est pas Janice.

Deux District Attorneys adjoints arrivent au 7-3 : Saul Postal, de Brooklyn, et Peter Koste, de Manhattan. Bulger et DiPrima les mettent au courant. Postal utilise le mode d'interrogatoire propre à Brooklyn. Il fait raconter par George les meurtres d'Esmond et Borrero. George est épuisé. Il a oublié ce qu'il avait dit auparavant. DiPrima lui vient en aide.

L'interrogatoire de Manhattan se termine à 2 heures du matin. Pete Koste informe George de ses droits. Un sténographe est prêt à transcrire ses déclarations. Les inspecteurs Aidala, DiPrima et Bulger l'observent.

Koste *guide* George jusqu'au couloir de la mort. En cours de route, Koste *aide* George à effacer les incohérences. Koste *aide* George à peaufiner son compte rendu. George identifie Emily Hoffert comme étant la mère de Janice Wylie.

George décrit les meurtres. Il décrit des blessures au couteau qui n'existent pas. Koste lui demande pourquoi il a baissé le store de la fenêtre de la chambre. George répond : *Si elles reprenaient connaissance, elles se lèveraient*. George dit qu'il a poignardé les deux filles à plusieurs reprises. Les mortes ne se relèvent pas.

L'interrogatoire se termine. John Lynch revient. Il a trouvé Eddie Bulger.

Il dit qu'il a montré la photo aux Wylie et à celle de leurs filles qui est toujours vivante. L'amie d'Emily, Susan Rothenberg, a regardé la photo. Verdict unanime : Ce n'est pas Janice Wylie.

*
* *

On l'a voulu, et on l'a eu. C'était notre béguin unanime réduit à un viol collectif dans un foyer universitaire.

Nous n'avons pas réussi à ressusciter nos jeunes filles avec de douces pensées et des prières. Notre examen approfondi de leurs existences ne nous a procuré aucune solution. L'horreur et le pathétique du sort de George Whitmore nous ont d'abord donné des frissons, pour finalement nous laisser hébétés.

Il ne nous donnait pas l'impression d'être le bon coupable. Il lui manquait cette malveillance pure et simple qui aurait caractérisé le crime. En fait, rien de tout cela ne s'est révélé important. À la longue, nous avons fini par le connaître sous un jour différent.

Il condamnait notre racisme et notre insensibilité. Il nous a accusés de commettre le péché d'indifférence. Il nous a fait des reproches d'une voix qui a dû parvenir jusqu'à Dieu.

George est traduit en justice. Il se retrouve devant la cour d'assises de Brooklyn. Zinkand et Aidala l'y ont conduit. Les affaires Borrero et Edmonds, cela fait quatre chefs d'inculpation au total.

George se voit attribuer par le juge un avocat de l'assistance judiciaire. L'avocat se concerte avec son client.

Jerome Leftow montre un journal à George. La manchette hurle qu'il a avoué l'assassinat des demoiselles Wylie et Hoffert. George nie ce fait. L'avocat s'entretient avec son client. Leftow dit au juge que George a rétracté *tous* ses aveux.

Lesdits aveux ont été obtenus sous la contrainte.

George est envoyé dans le centre de détention de Brooklyn. Le grand jury de Brooklyn l'inculpe. À l'horizon se profile cette question : qui engage les poursuites en premier ? Brooklyn ou Manhattan ?

Le grand jury de Manhattan inculpe George le 6 mai. George est envoyé à l'hôpital de Bellevue le 8 mai, pour y subir des tests psychologiques.

George fait la une des journaux. De longs articles le dénigrent. Max Wylie écrit un long article : "25 conseils aux jeunes femmes qui vivent seules à New York."

Entrée en scène de Melvin Glass.

M. Glass est procureur adjoint à Manhattan. Un inspecteur du 7-3 lui dit que quelque chose lui paraît louche. George semble placide et docile. Bulger et DiPrima le laminent. Glass lit les aveux de George. Constate qu'ils ne révèlent aucune information nouvelle. Ils donnent l'impression de lui avoir été dictés de bout en bout.

Glass s'entretient avec le bureau des homicides du District Attorney. Les inspecteurs lisent les aveux, et d'un commun accord, ils décident de se remettre au travail.

Voilà par quoi il faut commencer : Est-ce que la photo de la blonde s'est réellement trouvée un jour dans l'appartement Wylie-Hoffert ?

George subit un examen psychologique. La Cour suprême des États-Unis lui donne une dernière chance. 15 juin : La Cour statue sur le cas Escobedo. En bref : elle décrète que dans une affaire criminelle, le suspect a le droit, dès son inculpation, de faire appel à un avocat.

Les inspecteurs Zinkand, Lynch et Connolly cherchent des pistes pour disculper George. En ce qui concerne la photo de la beauté blonde, George a donné une troisième version de sa découverte. Il dit l'avoir trouvée à la décharge municipale de Wildwood. Zinkand, Lynch et Connolly examinent le cliché. Ils demandent à des botanistes et à des gardes forestiers de les aider à identifier le lieu où il a été pris. Ils finissent par reconnaître la forêt de Belleplain.

Ils passent en revue les annuaires des lycées, dans l'espoir d'identifier la blonde. Ils y parviennent. C'est une jeune femme de Wildwood. Zinkand, Lynch et un flic de Wildwood frappent à sa porte. Elle reconnaît la photo – et elle se reconnaît sur le cliché. Il a été pris juste après le bal de fin d'année, en 1956. Elle est allée à Belleplain avec quelques amis.

George est jugé sain d'esprit, on le renvoie à Brooklyn. Le procès Borrero est fixé au début novembre.

Une rumeur se répand : Manhattan n'a pas d'arguments solides. Le petit Whitmore est un coupable bien falot pour le meurtre Wylie-Hoffert.

Zinkand, Lynch et Connolly ratissent Wildwood. Ils dénichent trois gamins.

Lesdits gamins fournissent un alibi à George.

Il a passé le 28 août 63 à l'Ivy Hotel. *Tout le monde* se rappelle ce jour-là. La grande marche pour la liberté a été retransmise à la télé. George est resté planté devant le poste, dans le hall. George n'est pas sorti de la journée.

Wildwood se trouvait *très* loin des quartiers chics de Manhattan. Le témoignage des gamins innocente George dans l'affaire Wylie-Hoffert. Ce n'est pas le cas en ce qui concerne Edmonds et Borrero. Et l'affaire Edmonds méritait la chaise électrique.

3

Le retour de Ricky

Détour :
Automne 64. L'affaire Wylie-Hoffert fait des zigzags. George Whitmore est innocenté. Félicitations à Melvin Glass, John Lynch et Marty Zinkand. Le District Attorney de Manhattan reste prudent. Celui de Brooklyn tient toujours George par les couilles. Un non-lieu dans l'affaire Wylie-Hoffert serait *excellent* pour le statut de George, en cet instant. *Mais* – le District Attorney de Manhattan n'a clairement pas ce qu'il faut dans le pantalon.

La police de New York doit encaisser une boule puante. Melvin Glass et Pete Koste cuisinent "la brute" Eddie Bulger. C'est l'identification bidon, par Eddie

Bulger, de la fille de la photo, qui a provoqué le bourbier de toute l'affaire Whitmore. En ce moment, il y a un gamin noir dans le couloir de la mort, et c'est encore à cause de Bulger. Une boule puante de plus. Le môme est bas de plafond, comme George. Il affirme qu'Eddie l'a frappé. Il bénéficie d'un sursis à exécution mais il risque d'y passer.

Sale affaire. Dans cette vie, on paye le prix de ses péchés. Le moment, c'est maintenant.

Nous sommes en octobre. Une pénurie de drogue frappe New York. L'héroïne se fait rare. 8 octobre : un petit merdeux de dealer dézingue un petit merdeux de junkie dans la 100e Rue Est.

La Victime : Roberto Cruz Del Valle. Le Tueur : Nathan Delaney. Cruz est portoricain, Delaney est noir. Delaney a frappé Cruz d'un coup de couteau à la tête. Globalement, il ne s'agit que d'une affaire de drogue. Dossier ouvert et aussitôt refermé.

On coince Delaney et on l'amène au 2-3. L'inspecteur Patrick Lappin le prend en charge. Delaney annonce qu'il nous apporte du nouveau et qu'il exige la présence d'un District Attorney.

Imaginez un peu : ce n'est pas le petit Whitmore qui a assassiné nos jeunes ambitieuses. Et *il sait* qui les a tuées.

L'inspecteur Lappin transmet l'information. Dix jours passent. Nathan Delaney cache soigneusement sa carte secrète.

19 octobre : conférence dans le bureau de Pete Koste. Sont présents : Koste, Delaney, Melvin Glass, l'inspecteur Lappin, Marty Zinkand.

Delaney exige qu'on l'exonère totalement de l'assassinat de Roberto Cruz Del Valle. Koste répond qu'il va tenter le coup. Delaney raconte toute l'histoire sans révéler le nom.

28 août 1963. Avant midi, sans plus de précision. Son copain junkie déboule chez

lui. Il lui annonce qu'il vient d'assassiner deux filles. Il a du sang sur sa chemise et son pantalon. Il donne un peu de fric à Delaney pour qu'il aille lui acheter de la dope. Delaney s'en charge et revient. Le copain demande si la police peut identifier des traces de sperme prélevées sur le cadavre d'une fille. Delaney dit qu'il en doute. Le copain précise qu'il a forcé l'une des filles à le sucer.

C'était un cambriolage avec effraction. Il a trouvé une fille au lit. Et puis la fille à lunettes est arrivée. Il a tenté de lui arracher ses lunettes. La fille a résisté et lui a dit qu'elle *voulait* le voir et *l'identifier*. Il a compris qu'il devait les tuer toutes les deux. Il leur a défoncé le crâne à coups de bouteilles et les a achevées au couteau.

Koste insiste pour obtenir le nom du meurtrier. Delaney insiste pour que Koste tienne sa parole. Koste appelle le bureau du District Attorney et obtient satisfaction. Delaney lui livre le nom de Ricky Robles.

Marty Zinkand n'est pas surpris. L'alibi de Robles était déjà bancal treize mois plus tôt. Delaney était crédible. On fait témoigner son épouse toxico et elle confirme ses dires.

On embarque Robles le soir même. On l'emmène dans le bureau de Pete Koste.

Nathan Delaney s'y trouve déjà. Delaney répète sa version des faits. Des cris et des injures s'ensuivent.

Robles nie tout. On est obligés de le libérer. Toute cette histoire repose uniquement sur des on-dit. Notre informateur est un dealer et un assassin.

Delaney fournit à Koste une déposition de vingt-trois pages.

Il ressort libre, sans être inquiété pour l'assassinat de Cruz. Le grand jury a accepté de ne pas l'inculper.

Richard Robles – un suspect crédible pour l'assassinat de nos jeunes filles.

Il a presque 23 ans, un quotient intellectuel élevé. Il connaît les Delaney depuis 1956. Nathan lui a fait découvrir la horse. Il avait fait un saccage en 59-60.

Les détails essentiels : il s'est introduit dans un appart de la 90ᵉ Rue Est et il y a trouvé une femme endormie. Elle s'est réveillée. Il lui a parlé et il l'a *presque* touchée. Il s'est mis à trembler, gagné par la panique au moment de la violer. Par la suite, il a commis d'autres intrusions dans des appartements occupés.

Il a frappé une femme avec un pistolet. Il a retenu captif un couple chez qui il s'était introduit. Il a flashé sur la femme, qui l'a repoussé, et il s'est enfui. On l'a interpellé chez ses parents le 2 avril 1960. Il a avoué 100 cambriolages et été inculpé pour neuf d'entre eux. Il a purgé sa peine à la prison d'Elmira. On l'a libéré le 3 juin 1963.

Wylie-Hoffert : 28 août 1963.

19 décembre 1963 : Ricky est interpellé parce que ses bras présentent des traces de piqûres laissées par l'aiguille d'une seringue. On le renvoie à Elmira

pour huit mois. Août 64 : le cambrioleur qui opère en présence des occupants est de retour en ville.

George est jugé pour avoir agressé Elba Borrero. Le procès s'achève le 18 novembre 1964. Le jury valide la version de l'inspecteur Aidala. *Bing !* George est déclaré coupable des faits qui lui sont reprochés.

À suivre : le procès Edmonds.

Zigzag : Whitmore/Robles, Whitmore/ Robles, Whitmore/Robles.

Au cours d'une soirée, Ricky a fait une overdose de barbituriques. Il est resté à l'hôpital pendant neuf jours. Pendant sa convalescence, on a planqué des micros chez lui et chez sa mère. C'est à partir de ce moment-là qu'on a pu passer aux choses sérieuses. Les Delaney ont donné leur accord pour qu'on piège Ricky.

C'est là que ça devient casse-gueule. C'est comme si on n'avait rien appris du tout grâce à Brooklyn et Frère George. On met sur écoute la piaule des Delaney. On obtient l'accord formel de Nathan Delaney la veille de Noël. Ce qui rend l'opération légale *du point de vue du tribunal. Oui – mais on a épinglé sur le dos de ce petit salopard une tentative d'homicide volontaire.*

Quelqu'un veillait à ce que les Delaney ne soient jamais à court de dope. C'était un approvisionnement confidentiel, et ça puait à plein nez le circuit parallèle de la police de New York. On a encouragé les Delaney à fournir ses doses à Ricky. Soyons francs : nous avons *exigé* qu'ils les fournissent. *Faites tout pour le convaincre/caressez-le dans le sens du poil/n'hésitez pas à le cajoler. Jouez de la seringue de façon judicieuse. Arrangez-vous pour que Ricky avoue avoir tué Janice Wylie et Emily Hoffert.*

Nous avons fait venir l'inspecteur David Downes. C'est lui qui avait arrêté Ricky en 1960 pour sa série de vols et de cambriolages, et il avait fini par nouer des liens avec lui. Ricky a fait appel à Jack Hoffinger, son avocat des années 60.

Nous avons installé un poste d'écoute dans l'immeuble des Delaney. Il fonctionnait vingt-quatre heures sur vingt-quatre. Magnétophones, micros dans les murs, matériel de surveillance. On a engrangé des tonnes de bavardages entre junkies. Cette récolte a plus ou moins porté ses fruits le 14 janvier 65.

Ricky rend visite aux Delaney à 23 h 55. Les bavardages continuent. Ricky *sent*, ou *sait* qu'il est sur écoute. C'est un secret de polichinelle. Ce branleur bavasse malgré tout.

Discussion à bâtons rompus entre junkies. Les Delaney provoquent, Ricky riposte. C'est à la fois un échange rendu confus par la drogue *et* un bavardage explicite. Noxzema, Tampax, fellation. Ces mots-là sont échangés. Nathan concocte une fable pour expliquer *pourquoi* il a mouchardé Ricky. Voyez-vous, tout ça n'est qu'un mensonge. C'est l'atout qu'il sortira en cas de besoin. C'est le jeton qu'il garde si ça chauffe vraiment.

Ça discute toujours : Comment feinter le détecteur de mensonges. Et puis *ceci* : Ce crétin de Bobby Diaz, on va lui faire porter le chapeau pour les meurtres.

Implicitement, Ricky indique qu'Emily a ôté ses lunettes. Et il ajoute *aussi* :

Si seulement je pouvais me fourrer dans le crâne que vous avez tout inventé, et qu'en réalité il ne s'est rien passé, je serais d'accord pour passer ce test.

Les palabres se poursuivent. La dernière remarque de Ricky fait des étincelles. Au tribunal, ça serait tout booooon.

Tic-tac, tic-tac.

La presse nous harcèle. Le *Daily News* s'exprime de façon presque explicite le 24 janvier. Le quotidien crucifie le District Attorney de Manhattan. *Annulez immédiatement l'inculpation de George Whitmore !* L'article insinue qu'on connaît le nom de l'assassin et qu'on le laisse se balader librement dans la nature.

Il désigne l'assassin sous le nom de *Dickie* et le présente comme *un drogué au teint blafard.*

Tic-tac, tic-tac.

La presse surveille Robles à Manhattan et Whitmore à Brooklyn.

Un reporter du *Post* obtient un tuyau, transmis par un juré du procès de l'affaire Borrero. Cet homme lui apprend que les autres jurés discutent volontiers des affaires Edmonds et Wylie-Hoffert, ce qui enfreint les consignes imposées par le juge David Malabe. D'autre part : plusieurs jurés se permettent des remarques racistes et infamantes et salissent la réputation de George Whitmore.

Simultanément : les avocats de George font parvenir au juge Malabe une communication écrite dans laquelle ils évoquent le racisme manifeste des jurés. Malabe ordonne une audience publique et sonde les jurés. Les journalistes ajoutent leur grain de sel. Le juge Malabe annonce qu'il publiera une déclaration officielle.

Il déclare que l'accusé devrait bénéficier d'un nouveau procès.

Tic-tac, tic-tac.

26 janvier 1965. Ricky Robles est arrêté. C'est le lieutenant Tom Cavanaugh qui a donné le feu vert. Marty Zinkand coince Ricky alors qu'il quitte l'appartement de sa petite amie. Un faux taxi se gare le long du trottoir. Zinkand s'assure que Ricky n'est pas armé et le balance sur la banquette arrière. Deux flics en civil sont assis à l'avant. Ils prennent la Troisième Avenue en direction du nord. En cours de route, John Lynch se joint à eux. Le lieutenant Cavanaugh et le sergent Tom Brent montent en marche au carrefour de la 93ᵉ Rue. Les flics en civil descendent de voiture et se dirigent vers le 2-3.

Détour : Ils emmènent Ricky chez les Delaney et lui montrent les micros cachés. Ricky pleurniche et chevrote qu'il veut son avocat. On le secoue un peu. Il montre des signes qui trahissent le manque et vomit. On lui conseille de passer aux aveux. Nathan et Marge Delaney font leur apparition et l'incitent de nouveau à tout nous dire. La bobine du magnéto tourne toujours dans la pièce voisine. Mel Glass et Pete Koste restent un moment à l'écoute, puis ils nous rejoignent. Ricky pleure et nous supplie de faire venir son avocat. On le houspille et on l'incite fermement à *AVOUER*.

On éteint le magnétophone à 18 h 11. Ricky est en manque et malade comme un chien. On l'emmène au 2-3 et on le flanque dans une cellule de la salle de réunion. Rien à foutre du Ricky et de ses droits civiques. On est sûrs que c'est lui le coupable. On fait ça pour Janice et Emily. On fait ça pour George. Mel Glass baratine Ricky. Ricky se lamente de ne pas avoir d'avocat. Mel ne tient pas compte de ses jérémiades. Mel a peut-être empiété sur les droits civiques de Ricky, ou peut-être pas. C'est Mel qui a poussé à la roue pour qu'on mette George

Whitmore hors de cause. Tout le monde se contrefout de ce que Mel a fait ou pas.

Un journaliste prévient Jack Hoffinger. Big Jack déboule au 2-3 et s'entretient avec son client. Hoffinger discute alors avec Glass.

C'est là que l'affaire se corse. Hoffinger appelle le responsable des homicides au bureau du District Attorney. Il conteste l'arrestation de Ricky et passe d'autres coups de fil. L'avocat et le client sont installés dans des pièces séparées.

Ricky aurait prétendument fait des aveux à David Downes.

Le ratage du cambriolage avec effraction. La violation de domicile en présence des occupantes – une intrusion par inadvertance. Les bouteilles, les couteaux, le Noxzema. Janice dit : *JE VOUS EN SUPPLIE, NE ME FAITES PAS DE MAL.* Ricky décide de la violer.

Il n'en est pas capable. Il la force à lui faire une fellation. Entre-temps, Emily est arrivée. Ricky brandit les bouteilles. Il brandit les couteaux. L'une des lames se brise dans le dos d'Emily.

Je vous en supplie, ne me faites pas de mal.

Je vous en supplie, ne me faites pas de mal.

Je vous en supplie, ne me faites pas de mal.

L'interrogatoire se termine. Downes n'a pas pris de notes. D'autres flics arrivent et lancent des questions. Jack Hoffinger termine ses appels téléphoniques. À cet instant, on ne sait pas si Ricky a déjà ou n'a pas encore craché le morceau.

Downes et Zinkand inculpent Ricky. Il est 11 h 45. Ricky est épuisé, à bout de nerfs. La presse est là, les flashes crépitent, les questions lancées à-tout-va se superposent. Pour les feuilles à scandale, une édition spéciale se profile.

*
* *

Le District Attorney de Manhattan relâche George. *Bam !* – Pour l'affaire Wylie-Hoffert, il n'y aura donc pas d'acte d'accusation émis par le grand jury. George avait changé d'avocats. Les nouveaux étaient de Brooklyn. Le juge Malabe fait connaître ses conclusions sur l'affaire Borrero. À savoir : *La Cour décrète que la condamnation n'est pas justifiée.* Manchette du *Daily News* : *UN DROGUÉ INCULPÉ POUR LE MEURTRE DES JEUNES FEMMES.*

La révision du procès de l'affaire Borrero est repoussée. Elle est fixée à on ne sait pas quand – si elle doit avoir lieu un jour. L'affaire Edmonds est prévue pour avril. George reste en prison. La presse éreinte la police de New York pour le ratage colossal de toute cette affaire Whitmore.

On n'a que ce qu'on mérite. L'arrestation de Ricky Robles aurait dû avoir lieu un an et cinq mois plus tôt. Un législateur farfelu propose un projet de loi destiné à supprimer la peine capitale dans notre État. C'est une initiative précipitée, en réaction à des événements récents. Mea culpa – c'est à notre George qu'on la doit.

Notre George. *Notre* Janice et *notre* Emily. Ricky Robles a été bel et bien épinglé pour leur assassinat. Nous sommes épuisés. George nous hante tous sans exception. C'est lui qui nous a insufflé notre détermination sans faille, avant de l'étouffer totalement.

Une nostalgie immense nous écrase. Nous voulons revivre l'été 1963. John Kennedy est encore président. George n'a rien à redouter. Nos ambitieuses sont mortes – mais nous faisons brûler des cierges pour elles et nous jurons d'avoir la peau de leur assassin.

Jack Hoffinger prépare la défense de Robles. Le procès Edmonds débute par une audience. Le juge exige une réponse à cette question : George Whitmore a-t-il avoué sous la contrainte ?

George se présente à la barre des témoins. Il porte un costume, une cravate, et ses lunettes neuves. Dick Aidala et Joe DiPrima témoignent après lui.

George décrit la nuit infernale d'avril dernier. Il est convaincant. Aidala et DiPrima nient sa version des faits. Le juge la trouve plus convaincante encore. Il considère que George a avoué de son plein gré. Il ajoute qu'il laissera le jury du procès prendre la décision finale. Par conséquent : les aveux concernant les affaires Edmonds et Wylie-Hoffert seront cités pendant le procès.

George en procès, des flics ripoux en procès : une symbiose de mauvaises vibrations. Les débats se prolongent de façon déplaisante. Le déluge des faits cités et de disputes mesquines assomme l'auditoire. Deux votes du jury précèdent le verdict. Ils se prononcent à 10 contre 2 et à 8 contre 4 pour l'acquittement. Le jury finit par se retrouver dans une impasse.

George reste en prison. Le Chef Larry McKearney démissionne. Le District Attorney Aaron Koota dépose une requête auprès de la cour d'appel : Rejetez l'acte d'accusation dans l'affaire Edmonds.

Le projet sur la peine de mort est adopté par le sénat. *Bam !* – 47 voix contre 9. Le gouverneur Rockefeller y appose sa signature, le projet devient une loi.

La commission de la police annonce une enquête interne. *L'affaire* Whitmore pouvait conduire à la chaise électrique. Il s'ensuit une avalanche de démissions et de départs en retraite.

Jack Hoffinger prépare la défense de Ricky Robles. Il travaille dans les pires conditions. La mère de Ricky est en train de mourir d'un cancer. Malgré cela, le procès de Ricky, comme prévu, aura bien lieu à l'automne.

Ricky passe l'été à Bellevue. À présent, Ricky doit la vie à George Whitmore. C'est George qui a fait abolir la peine de mort. Ricky ne risque plus la chaise électrique pour l'affaire Wylie-Hoffert. Il aurait laissé George cramer à sa place. C'est ce malfaisant de Ricky qui *méritait* de finir sur la chaise. L'énormité de son crime méritait *LA MORT*.

Madame Robles est en fin de vie. Elle subit deux interrogatoires menés à l'hôpital. Les médecins et les avocats rôdent autour d'elle, tout comme les procureurs Glass et Koste. Hoffinger, l'avocat de la défense. Ricky le sournois et son frère. Le juge d'instance Irwin Davidson.

Des dépositions recueillies au chevet d'une mourante. Conçues pour procurer un alibi à Ricky. Modestes cérémonies.

La première produit le contraire de l'effet recherché. La vieille dame n'a plus toute sa tête. Elle s'en tire mieux à la seconde tentative. Elle répète l'alibi qu'elle a fourni en premier : Ricky a passé ce mercredi à nettoyer leur immeuble. Point final.

Le procès commence le 1ᵉʳ octobre 1965. Il s'ouvre par la lecture du rapport établi par un psychiatre. Richard Robles est décrété sain d'esprit. Des policiers portent témoignage concernant les aveux de Ricky : David Downes, John Lynch, George Brent. les lieutenants Sullivan et Cavanaugh, Marty Zinkand.

Zinkand déclare que Ricky les a *suppliés* de faire venir son avocat. Hoffinger se rue sur cette allégation. Le juge Davidson rejette son argument. Le juge est de notre côté. Jusqu'au cinquième jour du procès, il nie *toutes* les insinuations visant de prétendues irrégularités commises par la police.

Le procès se poursuit. On constitue un jury. Hoffinger s'y oppose. Le juge exprime sa préférence pour les policiers. L'accusation va anéantir les dépositions arrachées à Mme Robles sur son lit de mort. *Enfin, Voyons ! C'est sa* mère *!*

On ne découvre aucun suspect sérieux antérieur à Whitmore. Hoffinger ne dispose d'aucun témoin crédible capable de susciter un doute raisonnable. George Whitmore est le *seul* atout dont dispose Hoffinger pour instiller ce doute.

Nathan Delaney vient témoigner. Hoffinger lui fait subir un contre-interrogatoire.

Delaney parle des aveux de Ricky, recueillis le 28 août 1963. C'est sordide. Hoffinger le taille en pièces. Delaney déballe sa vie sordide.

Le sordide éclabousse la salle d'audience. Hoffinger a omis d'exclure des débats l'audition des bandes magnétiques enregistrées par les micros cachés. On branche les haut-parleurs. Le jury entend les passages les plus compromettants.

Marge Delaney témoigne – Bon, encore des horreurs – *Et alors ?*

George Whitmore témoigne. Hoffinger l'interroge. Il nie avoir tué Janice Wylie et Emily Hoffert. Il affirme qu'il n'a pas *avoué*. Toutes ses déclarations lui ont été *suggérées*.

Satané George. Il est magnifique et presque adulte, à présent. Jack Hoffinger n'est pas capable de lui tenir tête. Son client est une saloperie de drogué violeur. On est en 1965. L'année des droits civiques, *La liberté, maintenant !*, Martin Luther King. George est à lui seul Emmett Till[1] et les Scottsboro Boys[2] réincarnés.

Hoffinger doit prouver la culpabilité de George. Pete Koste et le co-conseil John Keenan doivent réaffirmer son innocence.

On aborde le sujet des aveux de George. Hoffinger fait appel à "La Brute" Eddie Bulger, à présent retraité.

Il lance des ballons d'essai. Avez-vous menacé George Whitmore ? Non, je ne l'ai pas menacé. Il n'a pas subi de pressions – il a avoué de son plein gré. C'est le moment où John Keenan se déchaîne contre Bulger. Il démolit les méthodes de

---

1. Adolescent de race noire lynché après le faux témoignage d'une femme blanche.
2. Neuf adolescents noirs accusés du viol de deux femmes blanches. (*Notes du traducteur.*)

celui-ci. Vous ne transmettez pas d'informations aux suspects ? Vous n'avez pas *aidé* George Whitmore à repérer la configuration de l'appartement Wylie-Hoffert ? Vous ne l'avez pas influencé, en lui soufflant des réponses, en lui faisant des promesses, en le menaçant ?

Non, je n'ai pas fait ça. Non, pas du tout. Non, je ne m'en souviens pas.

Keenan se montre implacable. Bulger, c'est typiquement le lâche qui jure sur la Bible de dire la vérité avant d'avouer ses péchés. C'est la voix officielle et chevrotante de l'opportunisme.

Il a prêté serment avec beaucoup d'aplomb et il est reparti complètement laminé. Il a quitté la barre en essuyant ses paumes trempées de sueur.

Le procès commence à se désagréger. Un ennui profond succède au numéro des duettistes George et Eddie. Hoffinger lit les aveux de George. *Légère somnolence générale.* Les flics apportent leur témoignage concernant George à Brooklyn.

Bâillements divers. Et voici la séquence que tous les flics adorent, même s'ils ne sont pas nombreux à l'avouer.

Nous avons payé pour nos péchés. Les médias les ont ratifiés. Nous avons avoué la brutalité de nos exactions et accepté la canonisation de George Whitmore. Après l'expiation, la rédemption – avec George à nos côtés. Nous avions gagné le droit de piétiner la loi au cours de notre guerre contre Ricky Robles.

La déclaration finale de Hoffinger est une parodie de coït. Il reconstruit ce fameux été à l'aide d'une profusion de détails assommants et d'extrapolations vaseuses. John Keenan termine le spectacle avec l'enregistrement des aveux de Ricky. Le jury délibère pendant six heures seulement.

Reconnu coupable des faits qui lui sont reprochés. Le juge Davidson annonce la sentence. Ricky est condamné à la réclusion à perpétuité, et on le transfère à Dannemora.

Nous avons résolu l'affaire, et en fin de compte, nous avons fini par tout arranger. On pourrait calculer le coût de l'opération et contester cette affirmation. En reconstruisant un amour, nous avons tracé la voie qu'il nous a suffi de suivre jusqu'au bout.

Ce récit est le journal intime d'un policier très âgé. C'est un travail de mémoire qu'illumine la proximité de la mort. C'est un souvenir personnel complété par la consultation hâtive de trois textes parus dans une feuille à scandale. Des journalistes outrés se sont penchés sur ces événements et en ont rendu compte avec passion. Je leur en suis redevable – quelle que soit leur interprétation de cette vision chrétienne de la justice, que les choses tournent mal ou que tout aille bien.

En fin de compte, c'est Dieu qui évaluera la probité de mes perceptions et jugera de leur valeur depuis la perspective de son omniscience. L'acte de foi entraîne, en même temps, une croyance obstinée et une imagination débridée. Ces traits de caractère définissent les enquêteurs dont j'ai assumé la voix unique. Wylie-Hoffert a été la grande aventure de nos vies. C'était le moment où notre foi se déchaînait de la façon la plus impérieuse et nos imaginations s'épanouissaient le plus. Mon rôle, en tant que dernier survivant de notre équipe d'enquêteurs, m'accorde les prérogatives propres à mon rang, et m'impose le devoir de rédiger l'épitaphe.

L'épreuve subie par George Whitmore a suscité une mesure historique, la "Décision Miranda" sur les interrogatoires des suspects en détention provisoire, inscrite dans la loi en juin 1966. George fut libéré sous caution un mois plus tard. La mère de Janice Wylie, Isobel, est décédée en 1968. Sa sœur Pamela est morte d'une pneumonie un an plus tard. Max Wylie s'est suicidé en septembre 1973. Pat Tolles est décédée à l'âge de 71 ans en 2011.

La libération sous caution de George a été annulée en février 1972. On l'a renvoyé en prison, puis libéré définitivement quelques mois plus tard. Il est mort en 2012. Il avait 68 ans.

"Mes amis, je dois davantage de larmes à ce disparu que vous ne m'en verrez verser."

Dans l'État de New York, la peine de mort fut rétablie en 1994, et abrogée de nouveau en 2005.

Ricky Robles est toujours en prison. Il a clamé son innocence jusqu'en 1986. Il a reconnu les meurtres à sa seconde audience de libération conditionnelle. Il a 74 ans, à présent, et n'a jamais cessé d'éructer des blasphèmes.

Souvenir. L'amour insondable de Dieu. La foi et l'imagination.

George à la barre des témoins. Les yeux brillants derrière ses lunettes neuves. Il a clairement conscience qu'il pourrait bien avoir gain de cause.

Mes prières pour Janice. Les pensées ardentes qui m'ont aveuglé alors et dont je ne me souviens plus maintenant.

Emily. L'instant où j'ai vu cette femme à l'hôtel Plaza et j'ai cru que c'était vous. Votre affectueuse remontrance : les portraits idiots ne se transforment pas en êtres vivants.

Vous trois.

Vous êtes les premiers que je verrai de l'autre côté.

Clash By Night

L'affaire Sal Mineo
racontée et réinventée

1.

Traquenard
à *Zarbiwood* Ouest *!!!!!!!*

Sal Mineo
(© Zuma Press, Inc./Alamy Stock Photo.)

Bureau du shérif, brigade des homicides
Dossier N° 079200909-0977-011.
Victime : Mineo, Salvatore. Sexe masculin
Race : blanche, 37 ans.
8567 Holloway Drive/West Hollywood.
21 h 42, Jeudi 12 février 1976
Résumé rétrospectif du dossier et compte rendu détaillé restitué de mémoire.

Nous soussignés, enquêteurs assermentés, rapportons les faits relatés ci-dessous.

À l'endroit où Holloway Drive se termine brusquement, la route part en diagonale. Depuis La Cienega, elle prend la direction du nord-ouest jusqu'à Sunset Strip. Quatre pâtés de maisons tout en longueur, sur huit cents mètres au maximum. Appartements à loyer modéré et une grande église catholique. Le quartier est fréquenté par des professionnels de l'industrie cinématographique, des homosexuels, et des mômes branchés. Deux boulevards en marquent les limites. Au sud : Santa Monica, ses cafés pittoresques, ses bars gays, ses devantures sans originalité. Surnommée "Chochotte City". Au nord : Sunset. Ses panneaux d'affichage pour les nouveaux films, ses bars et leurs serveuses aux seins nus, ses clubs rock, ses drugstores ciblés pour les jeunes. Et l'adresse citée plus haut : un grand ensemble de logements bon marché, construit pendant la reprise de l'après-guerre. Des murs enduits d'un stuc terne, trois niveaux, une façade orientée au sud. De larges passages relient la façade à l'arrière du bâtiment. Une allée permet d'accéder rapidement à un parking protégé par un auvent.

L'allée se prolonge sur toute la longueur du pâté de maisons. Vers l'ouest, un mur de béton et une rangée d'arbres en marquent la limite. Vers l'est, l'espace est dégagé. De ce côté-là, l'allée se termine à Alta Loma Drive.

Alta Loma est un raccourci. Il permet d'aller directement vers le nord et donne accès à une sortie vers l'est et l'ouest. Le Strip y joue le rôle d'une artère principale.

L'allée est étroite. Les tours de Park Wellington sont construites tout contre elle. Leurs fenêtres donnent sur le parking, qui est réservé aux occupants des appartements qui ont vue sur lui.

Le Wellington est un *immense* ensemble. Les bruits s'y propagent d'un bout à l'autre. Tout y est entassé *serré-serré*.

Une alerte est lancée. L'Unité 91 accuse réception – les shérifs adjoints Schwartz et Mullen. Ils étaient en route pour la boutique Winchell's Doughnuts où s'est produite une attaque à main armée. Schwartz et Mullen arrivent sur les lieux. Voici ce qu'ils constatent :

Vers le milieu de l'allée, le blessé est allongé sur le dos, entouré de deux bons Samaritains, un homme et une femme. L'homme tente de pratiquer un bouche-à-bouche, la femme est à genoux, tout près d'eux. La tête du blessé est orientée vers le sud, ses pieds vers le nord-ouest. Il porte un blue-jean et une chemise bleue à fleurs rouges et blanches. Son corps est une masse sombre sur la chaussée sombre et sous le ciel sombre. Ajoutez à ça une veste bleu foncé et des chaussures de tennis de couleur noire.

Ajoutez aussi la tache sombre du sang répandu. Il a reçu un coup de couteau. Il a une plaie ouverte sur le haut du torse, du côté gauche. C'est une très vilaine blessure, le sang qui en est sorti s'est écoulé sur plus de trois mètres. De toute évidence, la blessure est profonde. Le flot de sang descend l'allée, vers l'est.

Cela ressemble à une agression éclair. La Plymouth Duster 73 de la victime est garée tout près. Divers objets épars renforcent cette impression spontanée :

Des lunettes de soleil. Un carnet d'adresses à couverture rouge. Des clés de voiture. Un petit sac en papier. À l'intérieur : une part de gâteau enveloppée de cellophane. Arrive une ambulance de l'Unité 7. Les voisins du premier étage ont entendu des cris et appelé les urgences. Des infirmiers tentent de réanimer le blessé. En vain. À 21 h 55, on constate son décès. Deux shérifs adjoints interdisent l'accès à la scène de crime et cherchent d'éventuelles armes abandonnées. Sans succès. L'Unité 93 arrive à son tour. Deux shérifs adjoints interrogent les occupants des appartements qui surplombent le parking. Ils apprennent *ceci* :

De nombreux voisins ont entendu des cris. C'est un avis pratiquement unanime. La victime a hurlé : *Oh, mon Dieu, aidez-moi ! Par pitié, que quelqu'un vienne à mon secours !*

Deux témoins oculaires se présentent :

Steve Gustafson/ Sexe masculin/ Race : blanche, 17 ans.

Scott Hughes/ Sexe masculin/ Race : blanche, 24 ans. M. Gustafson est un voisin de l'étage supérieur. M. Hughes est un garde chargé de la sécurité des tours Wellington.

Les deux témoins sont encore sous le choc. L'un et l'autre ont vu le suspect prendre la fuite. Ils donnent tous les deux un signalement de l'individu : blanc, jeune, mince, 1 mètre 80 à 82. Cheveux longs. Une recherche systématique de témoins potentiels est lancée officiellement. On visite les apparts des étages supérieurs. On recueille des dépositions de témoins *auriculaires*. Tout se superpose : les cris de la victime, les pas précipités d'une personne qui s'enfuit, un moteur de voiture qui rugit.

Certains voisins ont pris peur et se sont cachés. D'autres ont appelé les flics. D'autres encore se sont rués dans l'escalier pour tenter d'apporter leur aide. Et certains voisins ont piétiné et salopé la scène de crime. Vous remarquez l'empreinte de leurs chaussures dans la flaque du sang de la victime. Ladite victime était Sal Mineo, une star de cinéma de seconde zone. Il jouait un petit voyou torturé dans ce nanard flamboyant intitulé *La Fureur de vivre*.

On n'a pas tardé à voir arriver l'équipe du labo avec ses spécialistes des empreintes latentes. Un dessinateur a fait un croquis du parking et de l'allée. Un médecin légiste a constaté le décès de Mineo et expédié le corps à la morgue. Les voisins nous ont révélé l'identité du seul proche connu de la victime. On a appelé la police de New York. La mère de Mineo vivait à Harrison, dans l'État de New York. Nos collègues se sont chargés de la prévenir. On a travaillé toute la nuit, en rendant visite encore et encore aux voisins de Mineo. Le consensus des témoins auriculaires a tenu bon.

Oh, mon Dieu, aidez-moi ! Par pitié, que quelqu'un vienne à mon secours !

Les témoins restent formels sur la suite : ils ont *entendu* le meurtre. Ils ne l'ont pas *vu*. Très peu d'entre eux ont vu s'enfuir l'assaillant présumé.

Un jeune Blanc court de l'ouest vers l'est. Il n'y a pas de traînée de sang au-delà de la flaque laissée par Mineo. On y voit les traces de pas des voisins écervelés, et rien d'autre.

L'Unité 93 traîne les témoins au commissariat de Hollywood Ouest. On les isole, ce qui supprime le risque de contamination des dépositions. On interroge les témoins. On obtient des descriptions des faits quasiment identiques, et notre première info concernant la victime, grâce à Jacqui Helga Bruce, une femme de race blanche, âgée de 35 ans. Mme Bruce nous déclare *ceci* : beaucoup de jeunes gens passaient chez Mineo. « Ils y entraient, ils en ressortaient. C'étaient des homos, il était homo aussi. J'en voyais sans cesse. »

Témoin Frederick Rushlow / Sexe masculin / Race : blanche, 29 ans. M. Rushlow a déclaré *ceci* : Mineo venait de rentrer de San Francisco, où il tenait un rôle dans une pièce de théâtre, *P.S. Votre chat est mort*. Les répétitions de cette même pièce venaient de commencer ici, également.

Mineo avait un ancien colocataire nommé Courtney Burr. Cela faisait un an qu'il ne l'avait pas vu. Courtney Burr était acteur. Rushlow nous donne son signalement : 26 ans environ, 1 mètre 72, 68 kilos.

La nouvelle se répand. La presse s'en empare et en fait ses choux gras. Elle est relayée par les dernières informations radiophoniques et télévisées.

L'acteur Sal Mineo est décédé. Le double nominé aux Oscars a été assassiné devant son appartement.

Les familiers de Sal défilent devant l'appartement en question. Les policiers les interrogent.

13 février 1976, 0 h 50. Michael Mason, sexe masculin/ Race : blanche, 24 ans. M. Mason déclare qu'il se trouvait à la Gallery Room quand un barman lui a appris que Sal était mort. Sal était son « Ami intime ». Il connaissait Sal depuis plusieurs années. Il a vu Sal le 10 février 1976. L'« Ami du moment » de Sal Mineo est un certain Michael Kaplan, un homme blanc de 25 ou 26 ans, mesurant 1 mètre 72 pour 60 à 64 kilos. Cet ami est un créateur publicitaire actuellement au chômage.

13 février 1976, 1 h 45. L'« Ami du moment », Michael Kaplan, se présente. On l'interroge. Il se souvient de *ceci* : Un ami l'a appelé. Cet ami venait de voir un bulletin d'information et d'apprendre la nouvelle. Sal venait de mourir. Il n'arrivait pas à le *croire*.

On enfonce le clou. Et Michael Kaplan nous révèle *ceci* : Il a rencontré Sal au club Studio One. C'était il y a trois semaines. Il a vu Sal hier soir, au théâtre Merle Oberon. Sal était en compagnie de son amie Kristine Clark. Ils sont allés tous ensemble au restaurant Cock & Bull. Ils ont dîné et ont quitté l'établissement vers 8 heures. Sal a déposé Kristine chez elle. Ils ont décidé de se retrouver plus tard. Kaplan a appelé Sal à 23 heures. Il n'a obtenu que sa permanence téléphonique.

On a réveillé Kristine Clark et on l'a interrogée au commissariat de Hollywood Ouest. Elle a confirmé la version de Michael Kaplan. On lui a demandé son avis sur ce qui *aurait pu* se passer. Elle a déclaré *ceci* :

« Je sais que Sal connaissait beaucoup de gens. Et qui n'étaient pas tous ce qu'on pourrait appeler des citoyens modèles. »

Le ton de Miss Clark est devenu hésitant. On lui a fourni des pistes qu'elle n'a pas voulu suivre. Elle a cessé de coopérer. L'interrogatoire a fait *pschiiittt*.

D'autres familiers sont passés chez Sal.

13 février 1976, 4 heures du matin. On interroge Shaun Cassidy, un jeune Blanc de 17 ans. M. Cassidy révèle *ceci* :

Sal était son ami. Il l'a vu il y a un mois. Il connaissait également l'ami de Sal, Courtney Burr. Il a vu Courtney il y a six mois. Il voudrait aider la police à y voir clair dans cette affaire. La semaine prochaine, il quitte le pays pour effectuer une tournée mondiale à l'occasion de la sortie de son disque.

13 février 1976, 7 h 30 du matin. On reprend le porte-à-porte pour faire avancer l'enquête. On se rend aux tours Wellington, on dresse une liste des locataires absents et on rencontre sept nouveaux témoins auriculaires. Ils confirment ce qu'ont dit les témoins de l'immeuble de Sal. Notre consensus se renforce encore. Nous interrogeons de nouveau Steve Gustafson et Scott Hughes. Ils complètent leurs dépositions initiales de témoins oculaires.

Gustafson déclare *ceci* : Il a vu l'homme qui courait « percuter Mineo ».

Hughes ajoute *cela* : La coupe de cheveux de l'homme qui courait était « à mi-chemin entre une afro et une chevelure naturellement bouclée ».

On se rend au théâtre Merle Oberon. On interroge le metteur en scène, Milton Katselas, et Keir Dullea, l'acteur qui donnait la réplique à Sal. Ils confirment les affirmations de Kristine Clark et de Michael Kaplan. Cela valide notre chronologie des faits. En quittant le théâtre, Sal est rentré chez lui en voiture. L'assassin l'a tué le soir du 13 février 1976, à 9 h 05. Un informateur spontané passe chez Sal. Nous l'interrogeons. C'est Gene Taft, un homme de race blanche, âgé de 45 ans. M. Taft nous apprend *ceci* : il est homosexuel. Sal l'était aussi. Sal fréquentait surtout des homos. Sal avait des ennuis d'argent. Il y a quelque temps, après une période difficile, Sal n'avait plus un sou, mais il remontait la pente. Ces deux dernières années, il avait décroché quelques rôles au théâtre, mais il avait contracté de lourdes dettes.

M. Taft nous fournit des infos *extraaa*. M. Taft nous révèle également *ceci* : Sal *convoitait* une certaine catégorie de partenaires. Il avait des exigences spécifiques, jusqu'à l'obsession. Il n'appréciait que les hommes blancs de 16 à 20 ans. À l'occasion, il se tapait des gamins de 14 ans à peine, ou bien des adultes de 25 ans. Sal adorait les mâles au corps gracile, et des partenaires qui n'étaient pas « particulièrement brillants ». Il sautait des jeunes gens « *extrêmement brillants* qui ne remplissaient pas ses critères sur le plan physique ». À l'occasion.

M. Taft nuance cette affirmation et la complète au passage : Sal avait un étrange sens de l'humour. Il manœuvrait psychologiquement ses proies sexuelles. Il les soumettait aussi à des jeux physiques conçus pour frustrer les jeunes gens brillants. Sal ramassait des auto-stoppeurs et avait des aventures sans lendemain avec de jeunes Noirs – à l'occasion. Même chose avec les clients des bars homos.

Sal consommait de la coke et fumait de l'herbe. Il ne se piquait pas et il ne touchait pas à l'héroïne. Sal était non-violent. Sal utilisait son intelligence hors du commun et ne donnait pas suite aux rencontres superficielles.

M. Taft a parlé à Sal le 7 février 1976. La dernière fois qu'il l'a vu, c'était à San Francisco. *P.S. Ton chat* était à l'affiche, là-bas.

M. Taft nous révèle le mode de vie à haut risque de Sal. M. Taft dit que Sal n'avait pas d'ennemis.

13 février 1976, à 10 h 20. Joe Horne, adjoint de la brigade des stupéfiants, contacte la brigade des homicides du bureau du shérif. L'adjoint Horne révèle *ceci* :

Sal Mineo était un gros consommateur de cocaïne et de marijuana. Il draguait au Lillian's et au Hub Bar. Il fréquentait

*Zarbi*wood Ouest. Il se rendait au Garden District et au Posh Bagel.

On consulte les rapports d'incidents journaliers du 12 février 76. On cherche des crimes et des suspects blancs qui pourraient avoir un rapport avec notre enquête. On scrute la liste des rapports d'incidents du commissariat de Hollywood Ouest. Rien ne nous saute aux yeux.

Article 502 du code/conduite en état d'ivresse. Bagarre dans un club de rock. Deux prostituées qui tapinent. Un vol avec violences au 211 Harper Avenue – près de chez Sal. *Merde ! – on signale deux suspects noirs.*

13 février 76, 14 h 20. Au commissariat d'Irvine Avenue, le capitaine Charles Buzza appelle la brigade des homicides du bureau du shérif. Le capitaine Buzza fait le compte rendu suivant : il a *un informateur très sûr*. L'informateur affirme que Sal Mineo a vendu de l'herbe par paquets d'une livre, pendant plusieurs

années – *mais plus maintenant.* Cet informateur connaît un coiffeur qui a été l'amant de Sal. Le coiffeur brûle d'envie de raviver cette liaison autrefois torride. Ledit coiffeur conduit un break Chevrolet qui appartient à l'actrice Valerie Perrine. Valerie Perrine est un vrai canon. Le coiffeur est un vrai homo. Son salon est situé sur La Cienega Boulevard.

Sal l'Insolent. Sal le Salace. On reconstitue la dernière nuit sur terre de ce petit branleur.

Les employés du Cock & Bull confirment aussi les déclarations de Kristine Clark et Michael Kaplan. Ils sont bien venus hier soir. Ils sont arrivés et repartis aux heures figurant dans leurs dépositions. Sal et l'acteur Edd « Kookie » Byrnes sont tombés dans les bras l'un de l'autre, et ils ont échangé des compliments, comme le font les acteurs exubérants.

Toute la journée, la scène de crime a attiré du monde. Les bulletins d'information motivaient les charognards. L'assassinat de Mineo ranimait le souvenir de celui de Sharon Tate, et donnait aux chacals la nostalgie des homicides hollywoodiens. Ils arpentaient à pas lents Holloway Drive et Alta Loma Terrace. Ils regardaient l'allée et bloquaient le passage. Les patrouilles de police les forçaient à circuler.

Les photographes de la police prennent de nouveaux clichés de l'allée et du parking. Ils cadrent des perspectives. Ils prennent en plein jour des photos de l'intérieur du garage proprement dit. Le Duster 73 de Sal. La Porsche noire et rouge garée juste à côté. On enfile des gants en caoutchouc pour fouiller le Duster. Voici l'inventaire de nos découvertes :

Un carnet de couleur noire. Un trousseau de clés de voiture. Un maillot de bain. Deux serviettes blanches. Une paire de tongs. Un mégot de cigarette. Une contravention laissée par la police de Beverley Hills. La carte de visite professionnelle de *Michael Kaplan, Styliste*.

Les techniciens de la police scientifique s'empressent de la photographier et d'y relever des empreintes. Une équipe de démineurs sonde les collecteurs d'eaux pluviales sur une distance de quatre pâtés de maisons. *Merde* – pas le moindre couteau usagé, pas un seul instrument muni d'une lame affûtée.

On fouille l'appartement de Sal. Il est de dimensions modestes et meublé à l'économie. Une salle de séjour, une cuisine, une salle à manger, un couloir, une chambre. Beaucoup de livres ; de scénarios de films et de textes de pièces de théâtre ; une multitude d'éditions de poche aux couvertures criardes, représentant uniquement des hommes. Des affiches à la gloire de culturistes boursouflés par la gonflette. Des bouteilles d'alcool et de la nourriture dans le frigo.

De nouveau, les techniciens photographient tout et relèvent des empreintes. Ils récoltent celles de Sal et une foule de taches et de traces diverses. On vide des tiroirs et on trouve une lettre d'amour. Les techniciens l'examinent et identifient de nouveau des empreintes et des traces laissées par Sal.

Le texte est sentimental à l'extrême quand il n'y est pas question de gros sous. Sal filait du fric à ce type. Ledit type lui en était reconnaissant. Il chantait les louanges de l'aspect bohème de leur arrangement. L'amour, l'art, l'argent. Les amants d'âge mûr qui servent de mécènes aux jeunes étalons en route vers la gloire. Des compliments explicites saluaient la technique particulièrement virile de Sal. Il était aussi question de la première à L.A. de *P.S. Votre chat est mort*. Le jeune étalon *n'en pouvait plus* d'attendre.

On vide d'autres tiroirs. On tombe sur un article ronéoté intitulé *Notre ami Mineo*. Les techniciens y décèlent les empreintes de Sal et des traînées laissées par ses doigts. Le texte est entièrement à la gloire de Sal. C'est du bourrage de crâne pour vanter sa bouleversante beauté et pour l'encenser comme si c'était le Christ. « Il a immortalisé pour toujours le rôle de la jeune victime dans notre société oppressive. »

Un passage se distingue du reste.

Vers la fin de l'année 1951. Sal a 12 ans. Il est loin de chez lui, dans un train qui l'emmène à Boston. Il voyage seul pour se rendre à une audition, dans l'espoir d'être engagé pour incarner un jeune garçon de son âge, exactement, dans la pièce de Tennessee Williams *La Rose tatouée*. Sal pleure. Se trouver loin de chez lui lui flanque un cafard terrible. Tennessee Williams le console. Il raconte à Sal une histoire « un peu leste, et même grivoise ». Maureen Stapleton le lui reproche. Elle lui dit que ce n'est pas une histoire à raconter à un enfant. Williams lui rétorque que c'est le seul genre d'histoire qu'il connaisse.

Tilt.

De la prophétie au *fait accompli*[1]. Ce qu'on lance en l'air finit par retomber.

*
* *

On met Courtney Burr hors de cause. New York a confirmé son alibi. On innocente Michael Kaplan et Michael Mason. *Jamais* une femme n'a pris la fuite après avoir commis un meurtre à l'arme blanche ; on trouve quand même un alibi à Kristine Clark.

Le rapport sur la scène de crime est un coup pour rien. On a relevé les empreintes sur l'enveloppe en papier bulle et une empreinte non identifiée sur l'emballage de la part de gâteau. On rassemble nos témoins oculaires qui nous fournissent les éléments de trois portraits-robots. Ils représentent tous des jeunes Blancs à cheveux longs.

La belle affaire ! On est en 1976. Les cheveux longs sont à la mode. Sal vivait

---

1. En français dans le texte.

à deux pâtés de maisons du Sunset Strip. Sur la planète Terre, c'était l'épicentre du territoire des hommes blancs à cheveux longs.

Le rapport d'autopsie arrive. Encore un coup pour rien. Sal est mort en bonne santé. C'était un petit gabarit : 1 mètre 67 et 65 kilos. Cause du décès : hémorragie foudroyante. Un coup de couteau a transpercé le cœur. Recherche toxicologique : résultats négatifs. Pas de traces d'alcool ni de barbituriques dans son organisme. Pas de sperme dans sa bouche ni dans son anus. Un détail ambigu : des traces d'aiguille hypodermique dans les fesses et alentour. Un endroit peu accessible pour un drogué partisan de la seringue. Un ami a pu lui faire ses piqûres. Sal s'injectait peut-être des vitamines ou des hormones mâles. Ou des concoctions bidon censées agrandir le pénis.

On met donc hors de cause tout le cercle des amis proches de Sal. On s'installe dans l'immeuble pour voir qui s'y introduit. Quelques fans et amis proches passent à l'appartement. Ils sont un peu casse-pieds mais ils savent se tenir. Ils voulaient se faire une idée de l'ambiance et bavarder avec des flics.

Sal était une vedette de l'écran. Ils voulaient renifler son aura et échanger des ragots sur les pétasses qui fréquentaient ce milieu. Sal a sauté telle fille et puis tel mec. Sal était dans le coup, pour l'assassinat de Kennedy. Et puis, il y a « la malédiction » de *La Fureur de vivre*. On a évoqué cette malédiction dès la mort de James Dean dans un accident de voiture. C'était en 1955. Le décès de Sal le ténébreux est devenu la disparition numéro 2. Natalie Wood n'allait pas tarder à le suivre. Sur le plateau de *La Fureur de vivre,* l'atmosphère était tendue entre homos et hétéros. Jimmy Dean a converti Sal à sa cause. Jimmy hantait les bars homos et s'était vu attribuer le sobriquet : *Le Cendrier humain.* Il suppliait des hommes d'éteindre leur cigarette en l'écrasant sur son corps.

Jimmy et Sal. Jimmy et le cinéaste Nick Ray. Natalie et Sal. Nick Ray et Natalie, Sal, et Jimmy.

Ce qu'on lance en l'air finit par retomber. Plutôt piquant, cet aphorisme, vu la situation. Nous étions des empiristes purs et durs et nous comprenions la cause et les effets. Pour nous, la limite à ne pas dépasser, c'était les malédictions et les mythes urbains vieux de vingt ans.

L'affaire Sal Mineo suivait son cours. La résoudre n'était pas simple. Six enquêteurs à plein temps s'y sont attelés.

On a re-sondé et *re-re*-sondé les occupants de l'immeuble. On a interrogé tous ceux qui n'étaient pas chez eux la première fois – pour un résultat nul. Élargir notre champ d'investigation ne nous a pas permis de trouver de nouveaux témoins oculaires ou auriculaires. On a épluché les factures de téléphone de Sal et relevé ses appels longue distance des cinq derniers mois, pour en faire la liste. On a montré nos portraits-robots du suspect d'un bout à l'autre du Sunset Strip, sans résultat. On a contacté toutes les divisions des Stups de la ville et du pays entier, sans récolter d'infos complémentaires sur Sal le toxico ni sur Sal le dealer. Des vérifications identiques auprès de la brigade des mœurs n'ont rien donné non plus sur Sal le prédateur sexuel.

17 février 76. Les obsèques de Sal ont lieu à New York, à l'église catholique de la Sainte Trinité. 250 personnes se sont déplacées. Les fans se tiennent à l'écart et sanglotent dans leur coin.

Des enquêteurs de la police de New York sont présents. Ils surveillent la foule et transmettent leurs rapports. Pas d'incidents, pas de comportements suspects, nulle trace de manifestations de mauvais goût.

23 février 76. Veillée mortuaire de Sal à L.A. Le producteur Bill Belasco a prévu un banquet somptueux à Bel-Air. Une centaine d'invités sont venus. Il n'y a pas un seul fan éploré. Bel-Air grouille de flics et de patrouilles de sécurité privées. Le bureau du shérif a dépêché la brigade des homicides. On avale des *hors-d'œuvre*[1] et on boit avec les proches de Sal qu'on a interrogés. C'est plus décontracté que ce qu'on connaît d'habitude.

C'est l'égalitarisme de l'industrie du film.

Jusqu'à un certain point.

Sal menait une existence stratifiée. En 1956, il a offert à ses parents un appartement luxueux. On l'a tué devant son petit logement bon marché. Il était entouré d'amis de premier plan et de parasites. Ce sont ces derniers qui sont venus en force à ses obsèques. La plupart des célébrités se sont abstenues. Roddy McDowell

---

1. En français dans le texte.

enregistrait une émission pour la télé. Bob Wagner et Natalie Wood n'étaient pas en ville.

Pas d'incidents, pas de comportements suspects, pas d'ambiance douteuse.

MERDE !

Un deal de dope qui tourne mal. Des dettes contractées pour ce genre d'opération. Une attaque kamikaze déclenchée par une querelle d'amoureux. Le coup fourré d'un amant jaloux. Un meurtre impulsif par esprit de vengeance. Un amateur de viande fraîche aurait pu s'énerver en apprenant que Sal lui avait piqué sa conquête. C'était peut-être le frère aîné de Sal qui avait donné le coup de couteau mortel.

Beaucoup de possibilités, mais rien de probable. Poursuivons.

On a commencé à fréquenter les bars gays. On s'est rendus au Hub, au Studio One, au Falcon's Lair, au Tradesman. On a brandi nos portraits-robots et on a engagé la conversation avec les clients.

On a récolté des « *Non* » catégoriques et des réponses positives mais sans enthousiasme. Elles étaient du style « *Ouais, je l'ai vu* », « *Ouais, il m'a dragué, mais je n'ai pas donné suite. Ouais, il aimait les beaux mecs*, et *c'était un type sympa.* »

On a coincé des prostitués mâles et des call-boys. Ils nous ont servi la même soupe. Un portrait s'est dessiné :

Sal le Secret, Sal le Circonspect. Sal l'Impulsif. Il possède des antennes hors du commun. *C'est un acteur*. En société, il exploite ses dons de lèche-cul. Il a fait de la lèche à dix millions de directeurs du casting, et il sait comment obtenir ce qu'il désire. Il veut que son public l'adore. Il repère le danger avant que l'irréparable ne survienne. Il maîtrise l'art de mener une vie à haut risque. Il se sent comme un poisson dans l'eau dans le négoce de stupéfiants et les missions risquées...

Jusqu'à ce soir-là.

On sollicite nos informateurs. Ils nous transmettent les mêmes renseignements.

À la virgule près, ils dressent un profil identique. On s'adresse à nos contacts dans le milieu de la drogue, à *Zarbi*wood Ouest et au-delà. Ils nous renvoient les mêmes échos. Un large consensus révèle un profil cohérent de la victime Sal Mineo. Les fondus de cinéma adorent qu'on parle de lui comme d'un *survivant*. Les survivants ont tenu l'industrie du cinéma par les couilles pendant dix secondes. Aujourd'hui, ils rampent pour ramasser les miettes. Prêts à tout, ils déterrent ce qu'il leur reste d'amour-propre et le font passer pour du courage. Leur vie est guidée par d'obscures conceptions où s'entrelacent l'art et la renommée et ils façonnent leur image publique avec une volonté farouche. Le Sal Mineo secret n'était qu'appétit et désir se posséder. Quel que fût l'objet de sa convoitise, il voulait absolument l'avoir. Ses idées artistiques étaient subordonnées à sa quête incessante du plaisir et de la renommée. Il considérait le plaisir et la renommée comme les justes récompenses qui lui revenaient pour avoir survécu afin de créer de l'art. Le survivant Sal Mineo était ce genre d'animal endurci par sa carapace en acier poli.

Sal le Survivant, qui implacablement collectionnait et classifiait les êtres humains.

On a épluché ses carnets d'adresses. Le noir recèle le dessus du panier. Sur chaque page, les inscriptions sont portées avec soin. Sal s'y révèle Europhile. On traverse l'Océan avec lui.

Sal l'Anglophile : il est copain avec (du moins, il a leur numéro) les célèbres Rosbifs ci-dessous :

Lindsay Anderson, Harold Pinter, John Schlesinger et son petit ami. Et aussi : Twiggy, Hayley Mills, Charlotte Rampling. Plus Stanley Baker, Denholm Elliott, Edward "Le Chacal" Fox. Et il fréquente les hôtels de luxe : le Claridge, le Connaught et le Dorchester.

Sal le Francophile connaît Alain Delon. Sal l'Europhile est l'ami de Roald Dahl, Patricia Neal, et Rudolf Noureev. Sal l'amant des stars a croisé Bette Midler, James Coburn, James Caan, Peter Lawford. Ooooh – il y a même Paul Newman et Joanne Woodward !

Sal avait compilé des listes d'agents artistiques, de sociétés de production, de cadres de studios de cinéma. Le carnet noir mêlait le sacramentel et l'opportunisme. Le carnet noir empestait l'arrivisme. Ce n'était pas un annuaire des personnes soupçonnées de meurtre.

Le carnet rouge ? C'était tout le contraire.

Au toucher, le carnet rouge était poisseux de transpiration et semblait avoir beaucoup servi. Les inscriptions ont été griffonnées à la main. Voici Sal au summum de ses préoccupations quotidiennes : les stations-service. Les pharmacies. Les dactylos qui tapent les scénarios. Les points de livraison de pizzas. Les bars gays. Un producteur de films porno. Les cinémas qui projettent ces films à *Zarbi*wood Ouest.

En plus : des noms d'hommes et leur numéro de téléphone. On appelle ces hommes en annonçant une procédure de routine effectuée par la police. On balance notre exclusivité – Mineo a été assassiné – et on évalue les réactions. Lesdites réactions sont de trois types. On entend 18 fois *J'ai couché avec Sal*, et 19 fois *Je suis gay* et *un de ses anciens anciens amants*. On enchaîne avec une douzaine d'interrogatoires complémentaires. On en tire « *Sal, il était* gentil » et « *Il gardait ses émotions pour lui* » et puis encore : « *Jamais il n'aurait sauté un mineur* ».

Tout ça paraissait très crédible.

Voici notre rapport intermédiaire après trois semaines d'enquête. Concernant l'affaire Sal Mineo, article 187 du code pénal de Californie (meurtre au premier degré)/187/P.C : *On ne sait rien du tout.*

L'enquête devient réactive. Interrogatoires tous azimuts, enregistrement des informations reçues par téléphone, lecture des courriers envoyés par des cinglés.

Mouchardage d'un informateur : allez voir du côté de Fat Jack et de sa secte mortifère sado-maso. Fat Jack connaissait Sal Mineo – si je mens je vais en enfer !!! 26 février 76 – Ne pas prendre en compte. Hypothèse classée comme *fantaisiste*.

Indiscrétions flicardesques : la police de New York nous transmet des infos au sujet de Ricky Lee Brannon, un Blanc âgé de 23 ans. Ricky Lee percute une Volkswagen à Woodland Hills, le 14 février 76. Ricky Lee est dans l'Idaho, à présent. Il prétend avoir couché avec Sal Mineo. 3 mars 76 – Ne pas prendre en compte. Hypothèse à classer comme *fantaisiste*.

Insdiscrétions flicardesques : la police de New York nous informe de l'assassinat de Vincent Donahue, survenu le

10 février 76. Donahue est un acteur gay. On l'a ligoté et poignardé dans son appartement. Votre tueur *à vous* est peut-être un psychopathe itinérant.

9 mars 76. Hypothèse à classer comme *fantaisiste*.

12 mars 76. On achève une tâche merdique de plus : l'épluchage des appels téléphoniques longue distance passés par Sal – il n'a fourni aucune nouvelle piste.

15 avril 76. Nos vacances en Arizona.

La police de Tucson a serré un suspect dans une affaire de cambriolage. C'est un certain John Angelo Rossie. Il détient un carnet rempli de gribouillages. Un passage affirme qu'il a couché avec Sal Mineo puis qu'il l'a tué. Rossie est cinglé. Son carnet est clairement celui d'un psychopathe. On l'interroge et on le relâche. Il était à Phœnix le 12 février 76.

Une enquête de police réactive n'est faite que de répétitions. On espère découvrir une piste valable, mais la probabilité d'une telle aubaine n'est que de 1 sur

60 000. Nous avons récolté 30 000 fois la version suivante : Un môme gay connaissait un autre môme gay qui connaissait Sal l'Insolent. Le môme s'est retrouvé dans la piaule de Sal et il l'a ou il ne l'a pas sauté. Ils ont ou ils n'ont pas sniffé de la coke et fumé de l'herbe. Peut-être que ce n'était pas vraiment Sal. Mon copain m'a plaqué et/ou il m'a foutu à la porte. J'ai rencontré Sal au Jaguar ou au Tradesman. J'étais défoncé aux Quaaludes et/ou au Secanol et à la crème de menthe. Vous ne me jugez pas parce que je suis gay, j'espère ? Non, mon petit, nous sommes au-dessus de ça – juste au-dessus.

Voici notre rapport intermédiaire après trois mois d'enquête. En ce qui concerne le dossier Sal Mineo, article 187 du code pénal de Californie : *On ne sait strictement rien.*

L'enquête se traîne. La répétition engendre l'épuisement et le besoin de débrayer. On a arpenté le *stupréfiant* Sunset Strip et on s'est soûlés au Classic Cat et chez Filthy MacNasty. C'était en 1976, en plein tralala de la célébration du bicentenaire. Parmi les attractions du Classic Cat : le surfer nu chiXXX qui dansait le Dirty Dog et le Wa-Watusi. Un bar de Santa Monica projetait toute la nuit des films XXX avec des femmes à poil. Tout le monde baisait, suçait, et sniffait de la cocaïne. L'année 1976 nous répugnait, nous séduisait, et nous rendait impatients de résoudre l'affaire Sal Mineo. On a desserré l'étau autour des comparses de Sal qui appartenaient au monde du cinéma. On a picolé et bavardé avec des gens qui vivaient au-dessus du parking où s'était fait descendre Sal le Polyvalent. Nous étions polyvalents nous-mêmes. Une détermination sans faille était notre point commun. Un jugement impitoyable nous poussait à agir. Nous avions tous combattu pendant la Seconde Guerre mondiale ou en Corée, et fondamentalement, nous étions tous des péquenots. En ce qui concerne Sal Mineo, notre opinion n'était pas tendre, mais en nous mettant à sa place, nous tentions de le comprendre. Sal commandait des pizzas et invitait ses copains du septième art. Il appartenait davantage à cette clique-*là* qu'au groupe qui figurait sur sa liste de relations de premier ordre. C'était une réalité que ce petit salaud sournois connaissait par cœur. L'enquête languissait. On n'obtenait rien, que dalle, nada, peau de balle. Le monde entier oublia Sal Mineo. *La Fureur de vivre* et ses nanards de série Z n'étaient plus regardés que par des téléspectateurs insomniaques. Plus rien à foutre de Sal Mineo. Il était passé de mode. Les flics à l'esprit critique ont remballé le flambeau.

Une réunion de dernière minute nous a fait changer d'avis : consultez la permanence téléphonique de Sal. Pour savoir qui l'a appelé depuis la Saint-Sylvestre.

Les standardistes ont relevé l'heure d'arrivée des divers messages, imprimé le nom des demandeurs, et ajouté de courtes notes. Elles ont explicité les codes du standard. « JTR » signifiait : « Je te rappelle ». « TM » : « téléphone maison ». « STPAAPV » : « S'il te plaît appelle au plus vite ».

Nous avons lu les messages par ordre chronologique. Ils constituaient un compte à rebours jusqu'à la mort.

Des directeurs de casting et des agents avaient appelé.

La clique de *P.S. Votre chat est mort* a appelé aussi et laissé de longs messages. Parmi les appelants, nombreux étaient ceux qui n'avaient laissé que leur prénom. Nous les avons comparés aux noms et aux numéros de téléphone du carnet d'adresses de Sal. Nous avions annoté le carnet, de la première à la dernière page. Nous avons repéré les noms accolés aux termes "passe" et "ancient amant" en suivant le cours du temps jusqu'au 12 février 1976. Tout cela était sinistre et trahissait une profonde solitude. Les appelants se sentaient seuls. Sal se sentait seul. Nous nous sentions seuls aussi, comme des pauvres types en mal d'affection qui attendent un coup de fil au bout de la nuit.

Le dernier appel avait été passé à 23 h 55. L'indication *12-2-76* était imprimée en rouge. Un homme invitait Sal à sortir pour boire un verre. Sal était mort depuis dix minutes.

Cette affaire tout entière était sinistre et marquée du sceau de la solitude. Sal exerçait sur nous son envoûtement. Nous avons remballé la torche. Nous savions qu'il nous manquait un élément. Deux copains de Sal nous ont fourni une idée capitale : enregistrer une conversation téléphonique entre deux CC (Complices Connus). CC 1 était un homme. CC 2 était une dame. L'homme appelait pour le compte du bureau du shérif, brigade des homicides. La fille de la dame était un témoin auriculaire. Nous aurions donné cher pour pouvoir l'hypnotiser et lui soutirer davantage de souvenirs. C'est CC 2 qui a exaucé nos vœux, en l'occurrence.

CC 1 a dit : Je ne crois pas vraiment que cette histoire va provoquer un gros scandale. J'ai l'impression que quelqu'un a paniqué cette nuit-là et a fait un truc complètement dingue.

CC 2 a confirmé : C'est ce que je crois aussi. Je pense que ce type ne connaissait absolument pas Sal.

CC 1 a résumé leur point de vue commun : N'importe quel quidam qui se serait trouvé dans la ruelle au moment où notre type y rôdait lui aurait servi de cible.

Prophétie. La charnière du destin. Le moment fatal où l'on décrète *Aux chiottes les flics, vous n'avez rien compris.* Voici venu le temps de notre grabuge nocturne. Ça va *forcément* vous plaire. *ZARBI*WOOD OUEST entre en conflit avec South Central.

2

*On balance
à Southside !!!!!!!*

Lionel Ray Williams
(© Walter Olesky/Alamy Stock Photo.)

Bureau du shérif, brigade des homicides :
Dossier N° 079200909-0977-011.
Victime : Mineo, Salvatore.
Sexe masculin
Race : blanche, 37 ans.
8567 Holloway Drive/West Hollywood.
21 h 42
Jeudi 1er février 76
Suspect : Williams, Lionel. Race : noire
Sexe : masculin, 19 ans.
Résumé rétrospectif d'un dossier antérieur. Enquête de 1970 et décisions subséquentes du tribunal. Les officiers soussignés attestent :

Ce n'était pas un Blanc à cheveux longs. C'était un petit Noir avec une coiffure afro. Nos témoins oculaires n'ont pas désigné le vrai suspect. Un guignol quelconque de race blanche a descendu l'allée à toute vitesse. Il est passé *après* le Noir et l'a manqué d'un poil. C'est *lui* que les témoins ont identifié. Balle hors-jeu, balle faute. Bordel de merde ! Voilà ce qu'on apprend au bout d'un an, deux mois et quatorze jours.

26 avril 77. 14 h 40. Dans les locaux de la cour d'assises, au centre-ville. Nous avons rendez-vous avec le District Attorney adjoint Clayton Anderson. Une jeune femme a contacté l'informateur du bureau du District Attorney. Ledit informateur nous a transmis ce qu'il venait d'apprendre. Cette jeune femme connaissait l'assassin de Sal Mineo. Son petit ami était sorti de prison depuis peu de temps. Le Michigan l'avait extradé aujourd'hui. Il avait purgé une peine pour une histoire de chèques sans provision. À présent, elle pouvait parler.

La voici devant nous. Teresa Collins. Une jeune femme de race noire, âgée de 19 ans, très agréable à regarder. Elle est terrifiée et elle nous dit pourquoi.

C'est à cause de son amoureux préféré, Lionel. De son comportement de délinquant et de ses accès de violence. De ses braquages en pleine rue et de son comportement brutal qui le pousse à infliger la souffrance. Des événements du 12 février 76.

Ils vivaient chez la mère de Lionel, à ce moment-là. Marie Ross avait un appartement dans la 93e Rue Ouest.

Lionel avait acheté une Buick Cherry et il lui fallait du liquide pour régler le solde. La voiture marchait mal et elle était tout le temps au garage. Ce soir-là, Lionel était au volant d'un véhicule de remplacement, une Dodge Colt. Il avait demandé quelques billets à Teresa avant de sortir. Il avait repéré un couteau au Western Surplus. Il voulait l'acheter pour se faire un peu d'argent. Teresa savait ce que cela signifiait. Elle avait accompagné Lionel au cours de deux expéditions précédentes. Elle lui avait donné ce qu'il voulait. Lionel s'était tiré, entièrement vêtu de noir et portant des chaussures à semelles de crêpe. Teresa était restée à la maison avec la mère de Lionel.

Lionel refait surface, tard, le même soir. Il montre, brièvement, un grand couteau, et déclare qu'il vient de *poignarder un type*. Teresa lui dit quelque chose comme : Quel type ? Et où ?

Lionel répond : Un Blanc, plutôt jeune, à Hollywood.

Teresa demande : *Pourquoi ?*

Lionel explique qu'il s'était caché dans un grand groupe d'immeubles, pour détrousser quelqu'un. Un type qui garait sa voiture l'a remarqué et s'est mis à hurler. Lionel l'a poignardé. Le type a crié : *À l'aide, par pitié !*

Lionel n'a pas obtenu d'argent. Il suppose que les gens qui habitent au-dessus de l'abri à voitures ont entendu le

Blanc hurler. Il quitte les lieux le plus vite possible.

Teresa rejoint la maman de Lionel dans sa chambre et elles regardent la télévision ensemble. Lionel cache le couteau et se change. Il se réfugie près de sa mère et de Teresa.

Il demande à sa mère de changer de chaîne. Il a poignardé un type à Hollywood. On en parlera peut-être aux informations. Il voulait savoir si le type était mort.

Mama panique et perd les pédales. Teresa lui dit que Lionel plaisantait, sans plus. Mama se calme. Teresa et Lionel se réfugient dans leur chambre. Mama les rappelle. Les infos de fin de soirée commencent à la télé.

Lionel s'assied sur le lit. Teresa reste debout, à côté de lui. L'assassinat de Sal Mineo fait partie des gros titres. Mama pousse des cris hystériques. Lionel lui explique qu'il n'a fait que se défendre. Il demande à Teresa de le confirmer. Mama demeure hystérique. Teresa lui fait absorber des somnifères qui l'assomment.

L'affaire Sal Mineo a droit aux infos de la radio. Teresa et Lionel les écoutent dans la voiture de remplacement qu'on lui a prêtée. Lionel dit à Teresa qu'ils avaient déjà vu ce type, tous les deux. Tu te souviens ? Il était dans une émission de télé. Lionel a piqué une *grosse* colère. Il se rappelait certaines choses et s'énervait pour un rien.

Teresa reprit le fil des années jusqu'à un certain jour de mars 76. Leur fille était tombée malade. Leur fils venait de naître. Ils l'avaient nommé Ray Junior. "Raymond" était le deuxième prénom de Lionel.

Ils dormaient toujours chez Mama. Mama était sortie. Teresa et Lionel traînaient au salon avec l'amie de Teresa, La Sonya Armstrong. La Sonya avait 15 ou 16 ans. Elle allait encore au lycée. Ils ont fumé des joints. Lionel a raconté à La

Sonya qu'il avait dézingué Sal Mineo. La Sonya ne l'a pas cru. Teresa a confirmé.

Lionel part se coucher. Teresa et La Sonya traînent dans la cuisine. Un certain laps de temps s'écoule. Lionel refait surface. Il brandit l'arme du crime et se comporte comme s'il était sous l'emprise de la came. Il emmène Teresa et La Sonya dans le petit salon et leur annonce une séance de spiritisme.

Un petit homme tournait en rond dans sa tête. Le petit homme ne lui laissait aucun répit.

Tout à coup, Lionel plante violemment le couteau dans le plancher. Il allume une chandelle et la pose sur le manche du couteau. Il fait asseoir Teresa et La Sonya près de lui. Ils se donnent la main tous les trois. Lionel invoque Sal Mineo.

Il localise Sal, instantanément. Aussitôt, il devine les souhaits de Sal et les communique à Teresa et La Sonya. Il annonce : Sal Mineo dit : tout le monde se déshabille. Teresa et La Sonya échangent un regard. Lionel bavarde avec le regretté Sal Mineo. Il dit : Excuse-moi, mon vieux, je ne savais pas que c'était toi. Je n'avais pas l'intention de faire une chose pareille. Lionel justifie son entourloupe. L'huissier allait saisir sa Buick. Il avait besoin de fric. Pardon, mon vieux, je suis vraiment désolé.

Lionel se couche sur le plancher et s'endort. La Sonya s'apprête à partir. Lionel se réveille et demande à Teresa où est passée La Sonya. Teresa lui apprend qu'elle vient de partir. Lionel dit à Teresa de la rappeler si elle a envie de participer à une orgie.

Teresa ramène La Sonya et lui conseille de dire niet à cette idée d'orgie. Lionel part en vrille. Il saisit Teresa à la gorge. Il lui dit : C'est de ta faute s'ils essayent de saisir ma voiture.

Teresa se libère. Lionel s'empare du couteau planté dans le plancher. Il appuie la lame contre la gorge de La Sonya et lui dit : Je vais te mettre sur le trottoir pour que tu me rapportes du fric.

Teresa quitte la pièce. Elle entend La Sonya hurler et supplier Lionel. Cela dure une dizaine de minutes. Teresa revient dans la pièce. La Sonya est presque nue. Elle ne porte plus que sa culotte et son soutien-gorge. Lionel quitte la maison. Teresa recoud les vêtements déchirés de La Sonya. Lionel revient et présente ses excuses à La Sonya. Il lui demande de ne rien dire à sa mère.

La Sonya rentre chez elle. Lionel se pelotonne dans une penderie et se rendort.

Teresa Collins était parfaitement crédible. C'était la franchise incarnée. Elle a accepté de subir le test du détecteur de mensonges à l'issue de sa dénonciation. Ladite délation était à la fois à hurler de peur et *de rire* : Lionel Williams dézingue Sal Mineo, puis le ventriloquise depuis le cimetière. Ce petit salopard immonde n'a vraiment honte de rien. Il nous supplie de lui pardonner et nous présente Sal comme son maquereau post-mortem. *Personne* ne pourrait inventer un bobard pareil. Il reste pourtant un hic incontournable : le couteau du meurtre a disparu. Lionel et Teresa ont déménagé, vers la mi-avril 76. Leur appartement est cambriolé le 21 mai. Le couteau a été volé.

Nous consultons les rapports de l'Unité 459 de la police d'Inglewood. Un agent dépêché sur les lieux a remarqué des traces d'effraction sur une persienne. Les objets suivants ont été dérobés :

Un téléviseur noir et blanc. Un costume trois-pièces pour homme. Une radio AM/FM. Une tirelire remplie de piécettes.

Pas de couteau dans la liste. Pas de suspects appréhendés. Pas de rapports complémentaires.

Merde.

29 avril 76. Nous emmenons Teresa en voiture au magasin Western Surplus situé à l'angle de la 85e Rue et de Western Avenue. Elle repère un couteau qui est la réplique parfaite de l'arme du crime.

Nous emportons ledit couteau pour le montrer au docteur Ronald Taylor, à la morgue de Los Angeles.

Le Dr Taylor a conservé un fragment de peau, prélevé sur le haut du thorax de Sal Mineo, dans la zone touchée par la lame du couteau, et préservé par congélation instantanée.

Il effectue une série de tests comparatifs sur du tissu provenant d'une carcasse de porc. Le tissu humain et le tissu porcin possèdent des caractéristiques semblables. Les tests pratiqués sur du tissu porcin sont reconnus valables par les tribunaux.

C'est sur cet examen que nous marquons des points. Les dimensions du couteau modèle sont celles de l'arme du crime. Il laisse des plaies comparables et des marques identiques à l'endroit où le manche s'est enfoncé dans la chair. Les dents de scie des lames correspondent.

4 mai 77. Teresa Collins subit le test du détecteur de mensonges. Le spécialiste

déclare : Elle dit la vérité, sans l'ombre d'un doute.

5 mai 77. Nous prenons l'avion pour Battle Creek, Michigan. Lionel Williams est incarcéré à la prison du comté de Calhoun.

On se remet en mémoire les méfaits qui lui ont valu cette peine dans le Michigan. Il y en a deux. Dans le premier, Teresa partage l'affiche avec lui. Il s'agit d'un vol de véhicule assorti de l'utilisation d'une plaque minéralogique falsifiée. Le 14 octobre 1970, une femme signale le vol de sa Pontiac de 1967. Lionel et Teresa sont arrêtés deux jours plus tard. Teresa est légalement la propriétaire d'une Pontiac de 67. C'est son numéro d'immatriculation qui figure sur la voiture volée. La plainte en justice est retirée. Il n'y a pas d'inculpation. Teresa et Lionel sont relaxés.

Teresa a de la famille dans le comté de Calhoun. C'est là-bas que Lionel se rend, seul, au début du mois d'août 76.

Ça chauffe trop pour lui à L.A. Les autorités sont à ses trousses. Il a besoin de se mettre au frais, quelque part dans l'est.

5 août 76. 17 h 08. L'arnaque au chèque en bois de Lionel.

Notre lascar se pointe au Cut Rate Market. Il présente une carte d'identité au nom de Thomas Simms Junior. Il a hâte de fourguer un chèque sans provision. Un employé lui vante les mérites de leur coffre anti-vol.

Un appareil photo caché lui tire le portrait. Lionel détale aussitôt. Un employé du magasin se lance à sa poursuite. Lionel s'échappe.

6 mai 77. On met Lionel sur le gril dans les locaux de la police de Battle Creek. Le voilà devant nous, fidèle à sa réputation – le mal incarné. On lui annonce les charges qui pèsent contre lui. Il nie. Il nous raconte sa version des faits. L'assassinat de Mineo : Une embrouille *graaave*.

Ça lui revient. Il se rappelle, maintenant. Il était dans cet appartement, deux semaines plus tard, où il pieutait après avoir pris une dose de dope. L'appart se trouve dans la 90e, entre Broadway et Main. Il y avait déjà un frère, là-bas, un type qu'il ne connaissait pas. C'était un Noir à la peau claire, grand et mince. Il était dans les vapes, il avait pris de l'héroïne. Il raconte à Lionel que c'est lui qui a supprimé Sal Mineo. Pour respecter un contrat. On l'a payé 1 100 ou 1 200 dollars. Le frère précise que c'était une vengeance, pour une histoire de dope.

Lionel accepte de passer au détecteur de mensonges. Il change d'avis deux heures plus tard. Notre premier suspect valable. Du premier coup. Un aperçu prometteur... Circulez, il n'y a plus rien à voir.

Nous reprenons l'avion pour Los Angeles. Nous diffusons un avis de recherche dans toute la ville et dans tout le pays, avec la mention *URGENT*. Il parvient à toutes les brigades anticriminalité. Lionel

Williams : spécialiste chevronné du vol avec violence. Contactez directement le bureau du shérif, brigade des homicides. Ce salopard est le principal suspect dans le meurtre de Sal Mineo.

11 mai 77. 16 h 05. Nous interrogeons Mary Ann Newsom, femme noire âgée de 28 ans, au commissariat de Firestone. C'est Teresa Collins qui nous a aiguillés vers Miss Newsom. Voilà ce que Miss Newsom nous révèle :

Elle a fait la connaissance de Lionel Williams en 72. Il tournait autour de chez elle, au carrefour de la 94e Rue et de Normandy. Lionel cherchait les ennuis et il les trouvait. Il avait déjà été épinglé quatre fois pour délinquance juvénile. Elle lui ouvrait sa maison. Elle détestait le voir traîner dans les rues. Lionel a rencontré Teresa en 73. Ils sont devenus amis tous les trois. Lionel était souvent déprimé. Ça le poussait à sortir pour agresser des gens.

En octobre 76, il a raconté une histoire horrible à Miss Newsom. Déprimé, il s'était mis à pleurer. Il voyait son univers sur le point de disparaître. Il a tué un type à Hollywood. Il n'a pas dit *qui* il avait tué.

Miss Newsom a accepté le test du détecteur de mensonges. Le spécialiste a déclaré le test "globalement crédible". Elle a pourtant menti par omission : elle *savait* qui Williams avait tué. Sa réaction à l'écoute de la question ne laissait aucun doute à ce sujet.

Miss Newsom était une célébrité de seconde zone. Elle avait l'aura d'une brave fille et un côté "cafteuse malgré elle". Elle allait soutenir Teresa Collins. Teresa était une véritable aubaine pour une audience au tribunal. Elle allait démolir Lionel pour montrer quel genre de pourriture c'était. Très bien – mais un obstacle se profilait à l'horizon.

Elle avait épousé Lionel le 12 mai 76. Elle pouvait invoquer son statut de conjointe du prévenu pour refuser de témoigner. Nous allions bientôt extrader Lionel. Teresa lui rendrait visite en prison. Il pourrait exercer sur elle son vaudou maléfique et la forcer à se rétracter. Oui – mais nous avions un avantage : le parloir de la prison du comté était équipé de micros. Lionel allait déblatérer sur ses compagnons de détention. Les téléphones mis à la disposition des visiteurs étaient constamment sur écoute et les saloperies visant tel ou tel détenu étaient retranscrites. Elles étaient considérées comme recevables par le tribunal. Il se pouvait que la chance soit de notre côté.

Lionel se trouvait dans le comté de Calhoun. Nous avons recherché des témoins potentiels dans les quartiers Sud de L.A. Teresa nous a fourni des noms. Des copains de Lionel, des complices en délinquance, des gamins des rues comme lui. On a retrouvé leurs traces et on a fait un tri sévère dans les salades qu'ils nous ont racontées pour justifier leurs dérapages. Cela nous a coûté des heures, des jours, des semaines de travail. On a interrogé des souteneurs, des prostituées, d'anciens membres de bandes de jeunes. On a perquisitionné des salles de shoot, des salles de billard, des repaires de truands. Même dénoncés, les vrais durs nous filaient entre les doigts. On faisait le tri entre les allusions, les renseignements de troisième main, les codes d'honneur des *VRAIS fils de pute*. Nous étions les guignols blancs des films de ghetto qui faisaient salle comble, des personnages qui n'avaient jamais le dessus face à Richard Pryor, Brother Jim Brown et Rudy Ray Moore.

Des semaines ont passé. Des mois ont passé. Le meurtre de Sal Mineo remontait à un an et cinq mois. On attendait impatiemment du nouveau de la part des brigades anticriminalité. On compilait des ragots futiles. Les flics du Michigan poursuivaient leur travail de leur côté. Ils ont obtenu des mandats de perquisition et le droit d'installer des micros dans les cellules.

Le premier mandat avait une validité d'un mois. Il couvrait la période allant du 22 juin au 22 juillet 77. Les flics ont découvert des anomalies et des dysfonctionnements. Nous leur avons fourni du matériel de qualité en leur demandant de poursuivre leur travail.

Ce qu'ils ont fait, enregistrant 88 bobines de bande magnétique de 90 minutes. On a pataugé dans tout ce fatras. C'était une tâche interminable et abrutissante. Lionel bavasse, ses codétenus bavassent, ces bavardages de maison d'arrêt finissent par cesser d'eux-mêmes. Lionel ne déclare *pas* : « J'ai tué Sal Mineo ». Ça, on l'apprendra le 26 juillet 77. Le shérif adjoint Ronald Peek a de bonnes antennes. Il entend Lionel bavarder avec le détenu Philbert Gallard.

Lionel lui dit qu'il a tué Mineo d'un coup de couteau.

Excellent ! Enfin une confirmation ; un témoignage de source flicardesque.

Les flics du Michigan travaillaient là-bas. Nous, on travaille *ici.*

On passe au peigne fin les rapports des postes de police. C'est une fouille systématique et peu reluisante au cœur de la paperasse. Nous cherchons jusqu'au *moindre* détail qui pourrait être pertinent. Et nous retombons sur un relevé d'incidents journaliers que nous avions déjà vu. Il nous avait fait réagir et nous avait éclairés. Mais par-dessus tout, il nous avait sidérés. Le relevé d'incidents était daté du 12 février 76. Le délit : Vol à main armée. Les suspects : Deux hommes noirs. Le lieu : North Harper Avenue, Hollywood Ouest. L'heure : 21 h 55.

N° 1323 North Harper Avenue – *tout près* de chez *Sal. Treize minutes après la mort de Mineo.*

Les suspects attaquent Richard Roy dans l'allée menant à son domicile. Ils le rouent de coups jusqu'à ce qu'il s'effondre, le fouillent et ne ramassent que quelques piécettes. Évaluons la possibilité d'une coïncidence et la probabilité des événements suivants :

Nous sommes à *Zarbi*wood Ouest. C'est une zone où l'on peut, de l'avis général et donc légalement, *se laisser aller*. Ce n'est pas un endroit où le taux de criminalité est élevé. Deux vols avec violence en une nuit ? Dont un assorti d'un *meurtre* ? C'est stratosphériquement improbable.

Retour à la case *problème de témoin oculaire*. Nos témoins ont identifié un homme de race blanche prenant la fuite. Nous n'avons pas pris en compte les deux hommes de race noire soupçonnés de vol dans les parages.

Une intuition nous pousse à prendre contact avec la victime : Richard Roy, un homme de race blanche âgé de 45 ans.

Nous lui brandissons sous le nez des photos anthropométriques de Lionel Williams. Sa réaction : *Je sais pas, j'peux pas vous dire.*

Et puis il y a *cet autre détail* :

Lionel a travaillé seul, cette nuit-là. Sur cette question, nous avons suivi la piste fournie par Teresa. Il lui a raconté toute l'histoire. Il n'a *pas* parlé d'un chauffeur, d'un guetteur ou d'un complice.

Le meurtre de Sal Mineo. L'agression de Richard Roy. Treize minutes – porte-à-porte. Lionel tue Sal. Supposons qu'il ait un comparse, là-haut, sur le Strip. On lui a prêté cette Dodge Colt comme véhicule de remplacement. Il remonte Alta Loma pleins gaz pour aller le chercher. Il est désorienté – mais il aimerait bien se refaire. L'opération Richard Roy n'a rien rapporté du tout. Il jette l'éponge pour cette nuit. Il rentre à la maison retrouver Teresa et Mama et il *se vante*. Il n'éprouve aucun remords. L'apitoiement sur son propre sort viendra plus tard.

L'agression de Richard Roy lui permettra de ravaler ses sanglots au tribunal.

L'affaire Roy pose une question : Qu'est-ce qui a donné à Lionel l'idée de se rendre à *Zarbi*wood Ouest ? Lionel et Sal. Trahis par le destin. La mort ignominieuse de Sal. Une folie existentielle. Hostile au penchant de Sal pour le drame et à sa rage de la laisser s'exprimer sur scène et à l'écran. Cette pulsion s'étendait à toutes ses conquêtes sexuelles et à son besoin de choisir et de diriger ses partenaires et de les manipuler mentalement selon son humeur. Implacablement, Sal choisissait ses amants selon des critères précis. Cela devait en froisser certains et/ou causer des rancunes tenaces. Sal, l'acteur-metteur en scène. L'aspect improvisé de la rencontre sexuelle aléatoire… peaufinée encore et encore et mise en scène par un "Survivant" en mode come-back. Ce n'était pas son orientation sexuelle qui définissait cet homme, mais son art et ses compétences professionnelles. Il ne pouvait cesser de jouer la comédie et d'affirmer sa volonté créatrice. Il avait acquis l'art de maîtriser un mode de vie à haut risque, et il avait survécu pour être tué par un psychopathe au rabais décidé à se procurer 40 dollars et un magnétophone. C'était une mort absurde et de mauvais goût dont se serait gravement offusqué Sal Mineo – lui qui s'était tant battu pour devenir *QUELQU'UN*. Il s'était battu de tous les côtés. Il s'était battu pour la bonne cause et pour la mauvaise. Il avait *gagné* une sortie de scène sensationnelle.

Pas de chance, Sal. Tu ne manques pas d'amis, cependant. On donnerait à Lionel Williams un marron maousse là où ça fait le plus mal pour te voir à la télé dans les émissions de fin de soirée qui invitent des célébrités.

Les nanards en fin d'exploitation tournés par Sal Mineo refaisaient surface régulièrement. On se bidonnait en regardant *Les Fuyards du Zarhain* et *Who*

Killed Teddy Bear[1] ? Sal meurt dans ces deux films. Dans le premier, il incarne Ahmed, l'Arabe fauteur de troubles. Madlyn « Woo-Woo ! » Rhue joue la fille dont il tombe amoureux. Le potentat Yul Brynner s'évade de prison. L'histoire est censée se dérouler en Perse ou en Israël. Le décor ressemble à la banlieue de Palm Springs. On applaudissait Sal et on se régalait à le voir cabotiner en jouant ses personnages. C'était un tueur psychopathe dans *Teddy Bear*. Juliet « Les gambettes » Prowse y était disc-jockey. Elle reçoit des menaces de la part d'un inconnu qui la bombarde d'obscénités par téléphone. Imaginez un peu : Sal est censé incarner le héros. Il adore sa petite sœur attardée mentale. Tenez-vous bien : C'est *lui,* l'inconnu du téléphone. La police de New York démolit ce pervers sournois. Ce qui est dommage, c'est que *nous* ne puissions pas démolir Lionel Williams.

---

1. Littéralement : *Qui a tué Nounours ?*

L'été 77 se passe. On se fait les dents sur le concept *Pourquoi Zarbiwood Ouest ?* Lionel fréquentait le *Disco 9 000*. Divers ragots l'associaient à un coiffeur cocaïnomane nommé Victor Trowers. M.Trowers coupait les cheveux au Headhunters'Salon. Il habitait dans King's Road, près de Melrose Avenue. *En plein* Zarbiwood Ouest.

L'automne 77 suit son cours. Des indics nous lancent sur la piste du voisin de Lionel, Michael Alley. Savourez ce détail : C'est Alley qui aurait transporté Lionel ce soir-là.

Les infos se superposent. Des infos *primordiales* concernant Michael Alley se superposent. Nous rendons visite au District Attorney et nous obtenons de lui une dérogation garantissant l'immunité. Une immunité *totale* – *si* ce type a été témoin de l'acte mais n'y a pas participé.

26 octobre 76. Nous interrogeons Michael Alley. C'est un candidat poten-

tiel à la liste A, tout comme Teresa Collins. On lui fait miroiter l'arrangement qui lui garantira l'immunité. M. Alley révèle *ceci* :

Il est sorti avec Lionel. C'était lors de la fameuse nuit. Ils ont pris possession chez le concessionnaire de la voiture de remplacement prêtée par celui-ci et ils se sont retrouvés un peu plus tard, pour boire et pour draguer. Ils ont cherché à rencontrer des femmes – mais n'en n'ont pas trouvé. Ils se sont rendus à Hollywood. Lionel était au volant. Michael s'est endormi.

Il s'est réveillé avec la nausée. Lionel s'est garé le long du trottoir. Michael est descendu et il a vomi derrière la voiture. Quand il est revenu, Lionel a redémarré puis il s'est arrêté devant un immeuble. Il a dit qu'il avait quelqu'un à voir à propos de quelque chose.

Puis Lionel s'est éloigné.

Et puis Michael l'a vu parler à quelqu'un.

Et Michael l'a vu poignarder ce type.

Et Michael a tourné la tête pour regarder au loin.

La scène était confuse, hachée, sporadique, incomplète. Les protagonistes la rendaient crédible par leur attitude impassible et cela corroborait l'hypothèse d'une liste B.

8 décembre 77. Michael Alley est mis sous hypnose. Le médecin tente de lui arracher des détails supplémentaires – et n'y parvient pas.

13 décembre 77. Michael Alley est mis sous hypnose. Le médecin tente de lui arracher des détails supplémentaires – et n'y parvient pas.

77 s'efface devant 78. L'affaire Mineo remonte à un an et onze mois.

4 janvier 78. Nous faisons subir un interrogatoire en règle à La Sonya Armstrong. Miss Armstrong confirme la déposition de Teresa Collins. Elle y ajoute *ceci* : Lionel

lui a montré des vêtements de couleur sombre. Ils semblaient tachés de sang. Lionel lui a dit qu'il portait lesdits vêtements quand il a tué la « Célébrité ».

4 janvier 78. Le shérif adjoint du comté de Calhoun, Ronald Peek, confirme sa déposition antérieure. Il a entendu le détenu Lionel Williams dire au détenu Philbert Gallard qu'il avait tué Sal Mineo.
Le détenu Philbert Gallard a répliqué :
Tu me racontes des salades.
Le détenu Williams a insisté :
Non, je suis sérieux. Je n'ai aucune raison de raconter des bobards sur un sujet pareil.

4 janvier 78. Le bureau du District Attorney de Los Angeles délivre le mandat d'arrêt. *Bam !* – Lionel Williams, inculpé de meurtre au premier degré.

4 janvier 78. Nous retrouvons la trace d'un complice connu de premier plan :

Allwyn Price Williams. Il n'a *pas* de lien de parenté avec Lionel. Il est actuellement incarcéré à la prison centrale pour hommes.

4 janvier 78. 15 h 55. Nous interrogeons le détenu Daniel Flores à la prison du comté de Calhoun. Notre sujet de conversation : les détenus qui détestent Lionel Williams.

Le détenu Flores nous révèle *ceci* :

Les détenus communiquent grâce au « Téléphone ». Dans leurs cellules respectives, ils hurlent à tour de rôle dans la bonde de leur évier pour se faire entendre. Lionel interpelle les détenus de la cellule voisine et les traite de « bande de nègres ». Les détenus en question décident de régler son compte à Lionel, au parloir.

Lionel faisait partie des coupables potentiels dans l'affaire du meurtre de Sal Mineo. C'était de notoriété publique. Lionel et ses codétenus mettent en scène une parodie de procès et le jugent pour ce crime. Ce n'est qu'une pantalonnade. Lionel n'est ni condamné ni acquitté. En bref : pratiquement *tous* les détenus détestent cet enfoiré de petit voyou.

5 janvier 78. Lionel échappe à l'extradition. *Ouf !* – Il est assigné à résidence à L.A.

5 janvier 78. 17 h 45. Nous interrogeons Allwin Williams à la prison centrale. Sa déposition regorge de contradictions. Pour n'en retenir que l'essentiel : Lionel a dit à Allwyn Williams qu'il avait tué Sal Mineo. Allwyn illustre sa déclaration de gestes éloquents qui reproduisent un meurtre à coups de couteau.

11 janvier 78. En provenance du bureau du shérif. Le service de la lutte contre les vols organisés nous informe : il a établi la liste d'une série de vols avec violences. Il y en a 14 en tout. Les détails et les moyens de pression varient. Il y a des agresseurs qui opèrent seuls, d'autres

en duo. Lionel a *déjà* été arrêté pour ce motif ; c'est le septième de la liste. On l'a relâché pour un motif bidon – manque de preuves. Voici la liste des principales agressions :

N° 1. McMillan, Colleen / Sexe féminin/ Race : blanche, 22 ans. 3 janvier 77 à 20 heures. 8307 Waring Avenue – *Hollywood Ouest.*

N° 2. Garrett, Arthur / Sexe masculin/ Race : blanche, 47 ans. 4 janvier 77 à 0 h 35. 9023 Elevado – *Hollywood Ouest.*

N° 6. Matlik, Diana / Sexe féminin/ Race : blanche, 27 ans. 19 février 77 à 19 h 15. 1013 North San Vincente – *Hollywood Ouest.*

N° 8. Fitzgerald, Patricia / Sexe féminin/ Race : blanche, 40 ans. 1er mai 76 à 0 h 25. 9026 Harrat – *Hollywood Ouest.*

N° 7. Kirchen, Peter/ Sexe masculin/ Race : blanche, 30 ans. 26 février 76 à 22 h 30. 3927 West 7th Street. Ce n'est pas à Hollywood Ouest, mais :

C'est Lionel qui s'est fait pincer sur ce coup-là. En compagnie de son acolyte, James A. Green. L'arrestation survient trente minutes après l'incident. Quand on lui a demandé son nom, Lionel a prétendu s'appeler "Charlie Cofield".

L'agression N° 7 a eu lieu deux semaines après l'assassinat de Mineo. Et maintenant, la cerise sur le gâteau :

Roy Richard, homme blanc de 45 ans, victime N° 5, est agressé le 12 février 76 à 21 h 55 devant le numéro 1323 de Harper Avenue – à *Zarbiwood Ouest*.

À quinze cents mètres de Holloway Drive. *Treize minutes après Mineo.*

À tout cela, il faut ajouter sept autres agressions. Toutes à l'extérieur de Hollywood Ouest. Non confirmées, mais éclairantes. Lionel Ray Williams – pendez-le haut et court.

L'hiver 78 avance. Les événements se précipitent.

12 janvier 78. Lionel arrive à la prison centrale pour hommes.

13 janvier 78. La requête du tribunal est acceptée : Placez Lionel sous écoute autant que vous voudrez.

25 avril 78. Des inspecteurs de la police de Los Angeles interrogent Peter Kirchen. Ils lui montrent des planches-contacts de portraits anthropométriques. Certaines représentent Lionel Williams et James A. Green. M. Kirchen ne parvient pas à les identifier. Les braqueurs ont brisé son pare-brise avec une barre de fer et un marteau à panne sphérique. Des éclats de verre lui ont bombardé les yeux. Il souffre de troubles de la vision depuis cet incident. Kirchen examine les planches-contacts une deuxième fois. Sa vue s'est améliorée. Il identifie Lionel et James Green. C'est Lionel qui manipulait le marteau. La barre de fer était entre les mains de Green.

27 avril 78. Le District Attorney adjoint Michael Genelin envoie une requête au grand jury du comté de Los Angeles.

Il estime que les délits suivants ont été commis :

Une tentative de meurtre. Un meurtre. 10 vols à main armée. Un acte de violence ayant provoqué des blessures graves.

2 mai 78. Le grand jury prononce des inculpations. Lionel endosse la responsabilité des faits cités.

2 mai 78. James A. Green est inculpé pour un seul des vols commis.

3 mai 78. Green est arrêté. Il renonce à faire appel à un avocat. Il reconnaît le délit cité plus haut.

Lionel et lui étaient sortis pour draguer des filles. Ils roulaient au pas dans la voiture de Lionel et ils ont repéré une autre voiture, devant eux. Ils ont dû s'arrêter à un feu rouge. Lionel est descendu pour demander son chemin au conducteur. Ensuite, ils ont suivi le type dans la rue et l'ont coincé contre le trottoir. C'est à ce moment qu'ils ont commencé à donner des coups sur sa voiture. Le conducteur leur a lancé des piécettes par la fenêtre. Pour un total de trois ou quatre dollars. Ils ont ramassé la monnaie et ils ont détalé. C'est la seule fois où il a fait l'imbécile avec Lionel. Il n'a pas participé à ce dérapage qui s'est soldé par la mort de Sal Mineo.

3

Pas de chambre verte

C'était un aller simple pour la chambre à gaz.

Le couloir de la mort. Le dernier parcours. La cellule où vous passez votre dernière nuit et le bref trajet jusqu'à la chambre verte. Les capsules tombent. Adios, fils de pute.

Au sujet de la peine de mort, l'opinion publique changeait sans cesse aux États-Unis. Dans l'Utah, on l'avait abolie et rétablie. Un jeune crétin de braqueur nommé Gary Gilmore, après avoir tué deux hommes, avait lui-même demandé qu'on l'envoie devant le peloton d'exécution. L'Utah ne s'était pas fait prier. Cette décision avait fait grand bruit.

Techniquement, les condamnations à mort redevenaient légales. Leur application systématique semblait peu probable.

Lionel Williams méritait d'y passer. Cette perspective semblait lointaine.

Les manœuvres d'avant-procès se poursuivent. Teresa rend treize visites à Lionel sans réussir à lui arracher les aveux espérés. Lionel parle à de nombreux visiteurs et ne parvient pas à s'inculper tout seul. Nons pataugeons dans les transcriptions de bandes magnétiques. Lionel parle de tout et de rien à jet continu. Il s'exprime avec aisance et aborde un vaste choix de sujets. Il adore la musique *soul* et les romans *démentiels* d'Iceberg Slim. Nous fouillons sa cellule à plusieurs reprises. Nous ne découvrons aucun objet interdit introduit subrepticement.

Lionel adorait le magazine *Players* – le *Playboy* noir – consacré à un style de vie résolument cool, avec ses filles noires sexy et sa double page centrale sur la mode masculine ciblée pour les souteneurs. *Players* avait pour sous-titre : « Pour ceux qui sont dans le coup. »

Lionel était un *Player*. Sa série de braquages et l'assassinat d'une célébrité lui conféraient un panache évident dans toute la prison. C'était un vrai mâle aux yeux de tous les mâles. Il subjuguait les femmes et violait le monde entier. Ses accointances avec les gangs du South Side lui garantissaient sa survie en prison. La survie de Sal Mineo dans l'industrie du cinéma ne pesait rien, en comparaison. Un homme était sorti vivant de ce parking.

Il resterait vivant. Cette affaire ne le mènerait pas à la chambre verte. Elle ne reposait que sur des présomptions. Les témoins oculaires ont vu ou ont cru voir un homme blanc. Michael Alley était un témoin oculaire peu fiable. Il était ivre et à peine lucide. L'abri à voitures était noyé par l'obscurité. Lionel a garé sa propre voiture sur Alta Loma Drive.

La perception spatiale était médiocre. Notre témoin oculaire complètement ivre n'a rien fait d'autre que vomir. Il fallait regarder *trèèèès* loin pour voir cet abri de stationnement.

Des aveux multiples de culpabilité ? Nous les *avions.* Tout comme la longue série des vols commis par Lionel. Nous avions la froideur désinvolte de Lionel Williams lui-même.

Nous avions Teresa Collins et nous l'avons perdue. Elle a invoqué son statut de conjointe de Lionel pour refuser de témoigner. Nous avons transmis nos documents et nos impressions au bureau du District Attorney, et fêté l'arrestation et le procès à venir avec les demeurés qui servaient d'amis à Sal dans le milieu du cinéma. C'étaient nos amis du moment, des amis de passage que nous ne reverrions jamais, après le procès et le verdict. Un mort nous avait rapprochés. Nous partagions une cause commune qui cesserait d'exister avec la fin du procès. Sur ce plan-là, les flics sont comme les acteurs. L'affaire de meurtre, le film. Des amitiés intenses qui s'effacent au clap de fin. L'épuisement, c'est l'épuisement. Les morts sont les morts et la justice est ambiguë. La vengeance judiciaire ne procure aucune joie et aucun soulagement au-delà de l'épuisement.

L'affaire Sal Mineo avait engendré une sorte d'épuisement général que l'on ressentait profondément, et qui nous laissait fourbus et bizarrement démunis. On ne parvenait plus à retrouver la joie de vivre en buvant un verre au Classic Cat ou chez Filthy McNasty. On ne pouvait pas ricaner aux singeries de Sal dans *Les Fuyards de Zahrain* et se féliciter d'avoir coincé son assassin.

Nous aurions préféré un meurtre bien ficelé de type hollywoodien. Avec un vrai scénario de cinéma. Une histoire d'amour douce-amère pour Sal avant qu'il ne quitte la scène. Un ancien amant éperdu qui devient un assassin. Il inspire une discrète empathie. Ou *n'importe quoi* plutôt que la vilenie mesquine de Lionel Williams.

Le procès se déroule du 9 janvier au 13 février 79, présidé par la juge Bonnie Lee Martin. Michael Genelin représentait l'État. Il était jeune, et manifestement brillant. Mort Herbert représentait Lionel. C'était un ancien musicien de jazz. Il avait joué avec des orchestres connus et rejoint le barreau sur le tard. L'issue des débats était incertaine. Herbert a crucifié les témoins de l'État. Le cafouillage autour du témoin oculaire blanc nous a plombés. La contre-attaque de Mike Genelin a été brillante et nous a sauvé la mise au bout du compte : il a discrédité ses propres témoins oculaires, en avançant un raisonnement impeccable pour expliquer qu'il y avait eu erreur sur la personne.

Lionel était un Noir à la peau claire. Nous pensions qu'il avait *toujours* eu cette coupe de cheveux afro qui se déployait sur une surface imposante. Nous étions dans l'erreur. En février 76, il avait les cheveux rejetés en arrière et plaqués sur le crâne. Genelin a exhibé un portrait anthropométrique datant du 26 février 76. C'est Lionel au moment où il a agressé Peter Kirchen. Ses cheveux sont rejetés en arrière. Il faisait sombre sous cet abri pour voitures. On aurait pu le prendre pour un Blanc, n'est-ce pas ?

Genelin était convaincant. Herbert n'est pas parvenu à faire écarter les braquages en série commis par Lionel. Le jury l'a déclaré coupable au second degré. Lionel est tombé pour Sal, plus dix vols. La juge Martin a annoncé la sentence. Lionel a écopé d'une peine de 51 ans de détention minimum. Il serait libéré bien avant l'échéance. Comme tous les condamnés.

Bureau du shérif, brigade des homicides :
Dossier N° 079200909-0977-011.
Victime : Mineo, Salvatore.
Sexe masculin
Race : blanche, 37 ans.
8 567 Holloway Drive/West Hollywood.
21 h 42, Jeudi 12 février 1976.
Résumé rétrospectif du dossier et compte rendu détaillé restitué de mémoire.
Nous soussignés, enquêteurs assermentés, rapportons les faits relatés ci-dessous.

Le temps est cet ami de passage qui vous hante et vous rappelle que vous n'avez rien d'autre que lui. Il a plu pendant quelques heures avant que Sal ne meure. À L.A, février est le meilleur mois. L'air est limpide. La pluie dilue les couleurs criardes que vous n'avez pas envie de voir. On se sent seul, en 1976. On nous signale un meurtre dans Holloway Drive. Pendant le trajet jusqu'à la scène de crime, nous entendons le tonnerre gronder. La voiture de Sal est encore humide. Nous restons sur les lieux, protégés par nos pardessus. Depuis sa fenêtre, au-dessus de nous, une petite fille nous adresse un signe de la main.

Table

M comme Meurtre

1. Les victimes 11
2. Frère George 47
3. Le retour de Ricky 79

Clash By Night
L'affaire Sal Mineo racontée et réinventée

1. *Traquenard*
   à *Zarbiwood* Ouest *!!!!!!!*.............. 111
2. On balance à Southside !!!!!!!..... 155
3. Pas de chambre verte 193

44400 Rezé

Achevé d'imprimer
en septembre 2018
par Corlet Imprimeur
14110 Condé-en-Normandie

Dépôt légal : septembre 2018
N° d'imprimeur : 198893
Imprimé en France